Der Weg zur erfolgreichen Zahnarztpraxis

Stefan Seidel

Der Weg zur erfolgreichen Zahnarztpraxis

Bibliografische Information der Deutschen Nationalbibliothek: Die Deutsche Nationalbibliothek verzeichnet diese Publikation in der Deutschen Nationalbibliografie; detaillierte bibliografische Daten sind im Internet über http://dnb.dnb.de abrufbar.

Illustration: Vorname Name oder Institution
Lektorat: Thomas Hanke
weitere Mitwirkende: Vorname Name oder Institution

Herstellung und Verlag: BoD – Books on Demand, Norderstedt

ISBN 978-3-7528-9113-3

Inhaltsverzeichnis

Mein Erfolg

Lesen

Anrufen

Do it!

Über den Autor

Als langjähriger Unternehmens- und Marketingberater für Zahnärzte und zahntechnische Labore sowie als Gründer und Inhaber der Marketing-Agentur „New Image Dental“ ist Stefan Seidel ein Autor aus der Praxis, der absolut weiß, wovon er spricht.

Mit mittlerweile mehr als 25 Jahren geballter Dentalerfahrung und der Betreuung von mehr als 2500 Zahnarztpraxen ist er einzigartig. Neben Vorträgen für verschiedene Zahnärztekammern, Banken, auf hochwertigen Messen und Kongressen steht der Name Stefan Seidel ganz oben auf der Liste als einer der absoluten Top-Referenten. Seine Seminare sind seit vielen Jahren ein fester Bestandteil der Branche.

Mehr als 10.000 Teilnehmer, Zahnärzte und zahnärztliches Fachpersonal, haben seine Seminare bereits mit großer Begeisterung besucht. Er besticht seit Jahren durch sein großes Fachwissen und seine mitreißende Art Es lohnt sich deshalb ihn einmal „live“ zu erleben.

Mit diesem Buch ging es ihm darum, die aus seiner Sicht vielen wichtigen Faktoren einer erfolgreichen Praxisführung einfach und verständlich darzustellen und Zahnärzte zu motivieren, den Erfolg ihrer Praxis in die eigene Hand zu nehmen, um so ihre Zukunft frei und selbst gestalten zu können.

Neben den wichtigsten Erfolgsfaktoren einer Praxis geht es in dem Buch auch um die praktische Umsetzung bzw. Implementierung dieser Maßnahmen.

Liebe Leserin, lieber Leser,

ich freue mich, dass Sie sich für dieses Buch entschieden haben. Mein Ziel ist es, Ihnen einige neue Gedankenansätze zu geben sowie Anregungen, Tipps und Informationen zu vermitteln, wie Sie den Erfolg ihrer Praxis positiv beeinflussen können.

Nehmen Sie sich etwas Zeit und Ruhe, um dieses Buch zu lesen, und überprüfen Sie danach gezielt Ihre aktuelle Situation, um gegebenenfalls Veränderungen oder Verbesserungen vorzunehmen.

Ich wünsche Ihnen nun viel Spaß beim Lesen

Herzlichst
Ihr Stefan Seidel

Vita Stefan Seidel

- Jahrgang 1965
- geschäftsführender Gesellschafter der First Class GmbH, einer Marketingagentur / Unternehmensberatung
- Gründer der Marketingagentur New Image Dental
- Unternehmensberater
- Marketingexperte
- Kommunikationstrainer/ Motivationstrainer
- lizensierter DISG-Persönlichkeitstrainer
- lizensierter Fußballtrainer des DFB
- Vater von drei tollen Kindern

Vorwort

Veränderte Rahmenbedingungen im Gesundheitswesen und in unserer Gesellschaft sorgen heute auch in der Zahnmedizin dafür, dass man neue Wege gehen und Strategien entwickeln muss, um in der Zukunft dafür zu sorgen, dass sich eine Zahnarztpraxis auch weiterhin erfolgreich positionieren kann.

Man muss kein Prophet sein, um zu erkennen, dass die Zahnmedizin sich sicher weiter verändern wird.

Ein bewussteres Ernährungsverhalten und die gute Vorbeugung durch regelmäßige Prophylaxe, die immer mehr Patienten für sich in Anspruch nehmen, werden immer mehr dafür sorgen, dass die Menschen in Zukunft ihre natürlichen Zähne zum größten Teil ein Leben lang behalten können.

Diese Veränderungen werden auch ein verändertes Patienten- und Käuferverhalten mit sich bringen und in der Praxis dafür sorgen, dass ein zahnärztliches Hauptgebiet der Vergangenheit – die Prothetik (Zahnersatz) – mehr und mehr rückläufig sein wird, was man heute unter anderem schon durch ein gewisses langsames Laborsterben sieht.

Zahnärzte, die in der Vergangenheit stark prothetiklastig waren, sollten sich umstellen und versuchen neue Wege zu gehen, wenn sie mit ihrer Praxis weiterhin erfolgreich sein wollen.

Die Prinzipien der Logik sagen uns: Wenn ein wichtiges Fachgebiet aus der Vergangenheit wegfällt, muss man sich ein neues Fachgebiet suchen, um dies kompensieren können. Doch welche Bereiche könnten das sein?

Es ist sicher kein Zufall, dass gerade die Bereiche Beauty, Ästhetik und Wellness immer weiter ansteigen und deutliche Wachstumszahlen generieren. Die Menschen wollen heute trotz fortgeschrittenem Alter schön und attraktiv aussehen, und deswegen investieren sie auch gerne in diese Bereiche.

Einzelne Praxen haben sich diesem Trend bereits heute geöffnet und haben ihre Ausrichtung dementsprechend verändert bzw. angepasst.

Ob mit Beautybehandlungen in Kooperation mit Ärzten oder mit Kosmetikerinnen, das Gebiet ist dabei sehr vielschichtig. Dabei ist es allerdings wichtig, dass es zu ihrer Ausrichtung und ihrem Gesamtkonzept passt und nicht zuletzt die rechtlichen Möglichkeiten vorher genau geprüft und dann auch entsprechend eingehalten werden.

Kurz ein Wort zu meiner Wahl von Personenbezeichnungen: Ich verwende in diesem Buch meist nur eine einfache Form wie *Zahnärzte* oder *Kosmetikerinnen*, um längere Formulierungen zu vermeiden. Selbstverständlich soll damit niemand abgewertet oder gar ausgeschlossen werden. Fühlen Sie sich bitte nicht nur mitgemeint, sondern angesprochen.

Die Zukunft der Zahnarztpraxen

Aktuell steht die Zukunft meiner Meinung nach in Form einer neuen Ära der Zahnmedizin unmittelbar bevor – wenn sie nicht sogar schon bereits begonnen hat. Und direkt werden einige in der Branche schon wieder extrem nervös.

Ich denke, dass es in den nächsten Jahren sicherlich weitere deutliche Veränderungen im Bereich der Zahnmedizin geben wird, das liegt länger schon klar auf der Hand.

Auf der einen Seite geraten immer mehr Praxen in wirtschaftliche Schwierigkeiten, klagen über zu wenig Umsatz oder auch passende Patienten. Auf der anderen Seite stellt man fest, dass sich die Wünsche und Bedürfnisse der Menschen verändert haben, was sich natürlich so langsam auch in den Zahnarztpraxen bemerkbar macht.

Wenn es uns gelingt, diese Wünsche und Bedürfnisse unserer Patienten frühzeitig zu erkennen, kann das eine perfekte Basis für eine gute Zukunft sein.

Schöne, gepflegte Zähne werden den Menschen immer wichtiger, und das nicht nur, weil sie mehr und mehr zum Statussymbol werden, sondern auch weil sie laut Umfragen immer entscheidender für den ersten Eindruck eines Menschen werden. Sie werden sozusagen zu seinem Aushängeschild und seiner persönlichen Visitenkarte. Daraus sind dann viele Rückschlüsse möglich, die bei anderen Menschen stark über Sympathie und Antipathie gegenüber der entsprechenden Person entscheiden werden. Das gilt sowohl fürs Privat- als auch fürs Geschäftsleben.

Schöne Zähne sorgen zudem auf sich selbst bezogen für mehr Selbstsicherheit und Selbstbewusstsein, was dann wiederum zu einer tollen Ausstrahlung führt. Dies verspricht uns ein besseres Lebensgefühl, was doch wunderbar ist. Sie haben die tolle Aufgabe und Chance, dabei mitzuhelfen dies den Menschen zu ermöglichen.

Zum medizinischen Aspekt: In den Praxen wurde in den letzten Jahren eine Top-Vorbeugung durchgeführt, bei der die Patienten ein- bis zweimal im Jahr in die Praxis zur Prophylaxe geholt wurden, um so ihre Zähne langfristig zu schützen. So werden die meisten Menschen sicher in der Zukunft ihre natürlichen Zähne deutlich länger behalten können. Prognosen gehen sogar dahin, dass durch diese professionelle Unterstützung in den Praxen viele Patienten zukünftig ihre natürlichen Zähne, wenn nichts Außergewöhnliches passiert, bis an ihr Lebensende behalten werden. Dies sorgt natürlich bei den Patienten für große Begeisterung und Motivation, die Pflege auch möglichst optimal einzuhalten.

Den Zahnärzten fällt dann dadurch aber offensichtlich ein wichtiger Bereich aus der Vergangenheit mehr und mehr weg, der über lange Zeit zu den sogenannten „Goldenen Jahren“ der Zahnärzte geführt und ihnen hohe Umsatzzahlen bereitet hat. Wir sprechen dabei von der Prothetik.

Auch das stetig wachsende Laborsterben in den letzten Jahren bestätigt eindeutig diesen Trend.

Wenn also eine Praxis stark auf Prothetik fixiert ist und ihr dieser wichtige Umsatzteil einfach wegbrechen kann, birgt das die große Gefahr in sich, dass die Praxis das nicht einfach kompensieren kann und wirtschaftliche Probleme bekommt.

Dies rechtzeitig zu erkennen und gegenzusteuern wird entscheidend sein – doch wie mache ich das?

Neue Trends erkennen

Ein immer weiter wachsender Trend ist der Bereich Beauty. Der Beautymarkt boomt generell mit immer stärkeren Umsatzzahlen und macht dabei auch vor den Zahnarztpraxen nicht halt.

Diesen Trend rechtzeitig erkennen und aufnehmen, könnte meiner Meinung nach ganz große Chancen in der Zukunft darstellen, denn Patienten wollen – das zeigen Umfragen eindeutig – neben gesunden Zähnen auch schöne, helle und gepflegte Zähne. Das ist insgesamt eine interessante Perspektive für jede modern und zukunftsorientiert aufgestellte Zahnarztpraxis.

Es gibt dazu eine Fülle von Ästhetikleistungen, die dem Patienten diese Wünsche auch erfüllen können und in der Regel private Zusatzleistungen darstellen. Neben Inlays, Veneers und hochwertigen Füllungen rundet auch Bleaching dieses Leistungsspektrum ab. Gerade das Bleaching wird in den Praxen immer noch sträflich vernachlässigt, während mittlerweile

Apotheken, Kosmetikinstitute und nicht zuletzt das Internet einen Milliardenmarkt daraus gemacht haben. Dieses Thema läuft mehr und mehr an den Zahnärzten vorbei, weil sie sich in einem für die Patienten wirklich wichtigen Bereich leider nicht klar positionieren.

Hier sollte ein schnelles Umdenken stattfinden und mit einem für die Praxis passenden System ein Konzept für die eigenen Patienten entwickelt werden. In einzelnen Praxen arbeiten heute schon Kosmetikerinnen aktiv mit, um den Patienten beim Praxisbesuch ein schönes Gesamterlebnis zu ermöglichen.

Eigentlich ist es von der Logik her alles ganz einfach: Wenn ein Bereich aus der Zahnmedizin stagniert oder wegbricht, muss man sich andere neue Bereiche suchen, um das erfolgreich kompensieren zu können. Meiner persönlichen Meinung nach wird der Einbruch der Prothetik sicher weiter voranschreiten und es wird eine neue große Perspektive im Bereich Beauty entstehen. Zahnmedizin und Beauty werden außerdem in den nächsten Jahren mehr und mehr zusammenwachsen und eine neue Form der Zahnarztpraxis ergeben.

Alles in allem bieten Kooperationen oder gezielte Ausweitungen der Praxis in diesem Bereich in Verbindung mit Ästhetikmedizinern und Kosmetikerinnen – alles natürlich im Rahmen der jeweiligen rechtlichen Möglichkeiten – sicher in den nächsten Jahren Zahnärzten eine große Chance, sich und ihre Praxis in diesem Zukunftsmarkt erfolgreich zu positionieren.

Das Entwicklungsprinzip einer Zahnarztpraxis

Der Zahnarzt ist nach dem Studium in aller Regel ein top ausgebildeter Mediziner und Handwerker – doch reicht das allein heutzutage schon aus, um eine eigene erfolgreiche Praxis zu führen?

Ich denke nicht, denn auch, wenn er dann sicherlich fachlich über ein gutes Basiswissen verfügt, fehlen einem Zahnarzt in aller Regel Wissen und Fähigkeiten, die neben der fachlichen Kompetenz einen guten Unternehmer ausmachen, zum Beispiel ein gutes betriebswirtschaftliches Verständnis, Marketingerfahrungen und nicht zuletzt Personalmanagement-Fähigkeiten zur richtigen Einstellung und Führung eines Teams.

Der Zahnarzt sollte heute also eigentlich ein Allrounder sein, ohne dass er das nötige Know-how dafür besitzt. Denn leider sind diese ganz wichtigen Themen immer noch nicht Bestandteil eines normalen Zahnmedizinstudiums. Wenn jemand verstanden hat, wie wichtig diese Bereiche für den Gesamterfolg seiner Praxis sind, muss er sich die entsprechenden Fähigkeiten selbst aneignen oder sich Partner suchen, die ihn bei diesen Themen regelmäßig aktiv unterstützen können.

Junge Zahnärzte müssen sich dann irgendwann nach ihrer erfolgreich absolvierten Asisstenzzeit dafür entscheiden, an welchem Standort sie sich niederlassen wollen. In aller Regel ist man an so eine Entscheidung dann knapp 30 Jahre gebunden, deswegen sollte diese Wahl genau überlegt sein und viele Kriterien beinhalten. Dennoch wählen leider heute immer noch eine ganze Reihe von Zahnärzten den künftigen Praxisstandort nur nach dem Prinzip des schnellen und leichten Erfolges aus, nach dem Motto: „Wo finde ich kurzfristig möglichst viele Patienten und kann so meine Praxis am schnellsten zum Laufen bringen?" Das ist und bleibt oftmals das Hauptkriterium – und es kann sogar kurzfristig gut funktionieren, langfristig wird es aber oft zu einem großen Problem werden. Dabei wird doch der Praxiserfolg insgesamt nicht allein von den ersten zwei Jahren bestimmt, sondern von einer kontinuierlichen nachhaltigen Entwicklung über viele Jahre. Nach den geeigneten Kriterien aufgestellt, wird sich die gewählte und aufgebaute Praxis so nicht nur Jahr für Jahr weiterentwickeln, sondern parallel dazu in der Regel auch Jahr für Jahr wirtschaftlich zulegen.

Zusammenfassend bedeutet das, dass der wirtschaftliche Erfolg einer Praxis sicher nicht allein von den ersten zwei Jahren geprägt wird – es sei denn, man möchte alle zwei Jahre wieder eine neue Praxis an einem anderen Standort eröffnen –, sondern von vielen weiteren Jahren mit regelmäßigem Wachstum. Ich persönlich habe eine ganze Reihe von Praxen erlebt, die zwei recht bescheidene erste Jahre hatten, um dann aber eine systematische Entwicklung auf einem Top-Niveau hinzulegen, die insbesondere auch nachhaltig wirkte.

Lassen Sie sich deshalb nicht allein von scheinbar kurzfristigen Erfolgen blenden und leiten, denn Sie haben mehr verdient. Wenn Sie Ihr Konzept und ihre langfristige Planung auch mit ihrem Finanzierungspartner frühzeitig und genau abgestimmt haben, entsteht der problematische finanzielle Druck erst gar nicht.

Aber was bewegt Zahnärzte zu solchen schlechten Entscheidungen?

Ängste und Unsicherheit sowie der innere Druck, die benötigte Finanzierung möglichst schnell zurückzahlen zu wollen, sind dabei die Leitlinien, die einen auf diesen Weg treiben.

Das Aufwachen erfolgt dann meistens erst später – nach einigen Jahren, wenn man feststellt, dass man seine persönlichen Vorstellungen von seiner Praxis und eines Konzeptes mit dieser Praxis nicht realisieren kann.

Das sorgt dann schnell für Frust und Unzufriedenheit, was sich natürlich auch auf die weitere Entwicklung der Praxis negativ auswirken wird: Die Umsatzzahlen gehen nach unten, die Stimmung im Team und bei den Patienten verändert sich negativ und der Praxischef hat immer wenig Lust auf seinen Beruf... das sind nur einige typische Veränderungen, die wir immer wieder mitbekommen.

Man bringt sich so selbst in einen negativen Kreislauf, aus dem man alleine nicht mehr herauskommen wird, und der Grund dafür liegt sehr oft in der falschen Standortwahl.

Denken Sie deshalb bei allem, was Sie an Kosten und Aufwendungen mit einer Praxisgründung haben, nicht kurzfristig, sondern langfristig. Entscheiden Sie anhand der hier genannten Kriterien für sich und Ihre zukünftige Praxis, wo Sie die optimale Basis für Ihr Praxiskonzept sehen.

Egal ob Neugründung oder Praxisübernahme, der Praxisstandort sollte in erster Linie eine gute Zukunftsperspektive haben. Sonst macht es keinen Sinn, weil man sich doch im Normalfall an so ein Projekt über einen sehr langen Zeitraum bindet. Ob es sinnvoller ist, eine Neugründung oder eher eine Praxisübernahme zu starten, hängt oftmals von den individuellen Rahmenbedingungen und persönlichen Vorstellungen ab (lesen Sie hierzu bitte auch das Kapitel „Der richtige Standort“).

Erfolgsfaktoren einer Zahnarztpraxis

Was sind die wichtigsten Erfolgsfaktoren einer Zahnarztpraxis? Das ist die entscheidende Frage, mit der sich in der Vergangenheit schon viele Zahnärzte und Berater ausführlich beschäftigt haben und die natürlich auch weiterhin Theoretiker und Praktiker interessiert. Welche Faktoren haben entscheidenden Einfluss auf den Erfolg bzw. den eventuellen Misserfolg einer Zahnarztpraxis und wie kann man sie zu seinen Gunsten beeinflussen? Man weiß heute anhand vieler Untersuchungen ziemlich sicher, dass eine erfolgreiche Zahnarztpraxis sich nicht nur über eine hohe Fachkompetenz des Zahnarztes und seines Teams definiert.

Bitte verstehen Sie mich hier nicht falsch: Natürlich ist es nicht so, dass die Fachkompetenz eines Zahnarztes keine Rolle mehr spielt. Allerdings trifft zu, dass der Patient die fachliche Seite leider gar nicht bzw. nur sehr schwer beurteilen kann.

Natürlich ist die Fachkompetenz sehr wichtig und stellt die Basis für den langfristigen Erfolg einer Zahnarztpraxis da. Egal, wie gut ein Zahnarzt-Marketing technisch aufgestellt ist: Wenn am Schluss die Arbeit nicht mit der entsprechenden Kompetenz erfolgreich abgeschlossen wird, werden sich immer Probleme mit dem Patienten ergeben. Fachkompetenz ist natürlich sehr wichtig, das Problem dabei ist nur, dass der Patient die fachlichen Leistungen des Zahnarztes gar nicht oder nur sehr schwer einordnen und mit den Umständen vergleichen kann. Aus diesem Grunde sucht der Patient nach Dingen in der Praxis, die er wahrnehmen und beurteilen kann – und das sind dann die sogenannten Soft Facts.

Dies ist nicht nur theoretisch interessant, sondern hat auch weitreichende Auswirkungen auf die Praxis. Leider ist dies aber vielen Zahnärzten noch immer nicht bewusst. Aus diesem Grunde beschäftige ich mich in diesem Kapitel mit diesem Thema.

Ob Zahnarztpraxen erfolgreich laufen oder nicht, wird – auch wenn man es nicht wahrhaben will – überwiegend durch die vielen emotionalen, „weichen“ Faktoren bestimmt. Diese beeinflussen den Erfolg viel stärker, als man denkt, und sollten deshalb auch sehr ernstgenommen und detailliert berücksichtigt werden.

Schauen wir uns doch die Bereiche einmal etwas näher an, wobei es dabei überwiegend um Kommunikation geht.

Die 12 wichtigsten Erfolgsfaktoren einer Zahnarztpraxis

Die in der Abbildung aufgeführten Punkte sind mit unterschiedlicher Gewichtung zu sehen, stellen aber in der Summe die wichtigsten Faktoren für die erfolgreiche Zahnarztpraxis dar.

Schauen wir uns nun die einzelnen Bereiche einmal etwas näher an.

1) Der Standort

Die Lage einer Praxis in der Region und im Ort ist sicher auch in der heutigen Zeit von Bedeutung. Je nach Lage entscheidet der Standort, wie leicht und wie schnell die Praxis wahrgenommen und gefunden wird – auch und gerade übers Internet. Er ist auch insbesondere am Anfang ein Faktor dafür, wie schnell Patienten hinzukommen und welche Patientengruppen die Praxis in erster Linie besuchen werden (für mehr Details siehe das separate Kapitel hierzu). Man kann hier zusammengefasst sagen, dass man sich den vermeintlichen Standort nicht nur unter dem kurzfristigen Gesichtspunkt (schnell viele Patienten zu erreichen) genau anschauen sollte, sondern auch danach, wo ich längerfristig das optimale Patientenklientel für meine Praxisausrichtung finden kann.

2) Das Team

Das Praxisteam und die Teamführung sind ebenfalls ein wichtiger Erfolgsfaktor einer modernen Zahnarztpraxis. Es geht darum, das richtige Team zu finden und zusammenzustellen, sodass es zum einen eine entsprechende Fachkompetenz besitzt, zum anderen aber auch die Patienten emotional begeistern und abholen kann.

Auch sollte das Team untereinander gut zusammenpassen, denn Patienten haben oft ein feines Gespür dafür und merken sehr schnell, wie die Stimmung in der Praxis wirklich ist.

Eine entsprechende Leitlinie, die idealerweise zusammen ausgearbeitet und dann gemeinsam festgelegt wird, muss für jedes Teammitglied einfach und klar nachvollziehbar und einsehbar sein. Der Zahnarzt führt sein Team im optimalen Fall in einem kooperativen Führungsstil und gibt den Mitarbeitern regelmäßige Feedbacks auch in Form von Lob und Kritikgesprächen. Regelmäßige Trainings- und Teamentwicklungsmaßnahmen und einzelne Events runden das Paket ab (siehe dazu auch die Kapitel zur Personalauswahl und -führung).

3) Das Leistungsspektrum

Eine moderne Praxis, die offene und interessierte Patienten haben möchte, muss ihren Patienten auch etwas bieten können.

Moderne innovative Behandlungsverfahren, wie z.B. Laser, gehören da einfach dazu, weil das dem Patienten das Gefühl vermittelt, dass die Praxis stets auf dem aktuellen Stand ist und er nicht zu aktuellerer Konkurrenz wechseln müsste.

Dabei muss man nicht immer alles selbst machen und in bestimmten Fällen reicht auch eine Kooperation mit einem spezialisierten Kollegen, z.B. in der Chirurgie – der Patient muss aber das Gefühl bekommen, in Ihrer Praxis richtig zu sein und optimal beraten und behandelt werden (siehe dazu die Kapitel zur „POS-Strategie“).

4) Kommunikation innerhalb der Praxis und nach außen

4.1) Die interne Kommunikation

Hier geht es darum, wie wir den Patienten unsere Praxisphilosophie und unsere Werte vermitteln, aber auch unser Leistungsspektrum. Neben den Informationen über entsprechende Praxisbroschüren gehören heutzutage auch Newsletter und Internet dazu. Außerdem sorgen regelmäßige Gespräche des Teams mit den Patienten für eine positive Grundstimmung. Des Weiteren sollten Sie Ihr Praxisteam auch gegebenenfalls durch ein gezieltes Kommunikationstraining unterstützen.

4.2) Die externe Kommunikation

In diesem Bereich sind Marketingideen gefordert. Ein eigenes Praxislogo, das in Abstimmung mit der Ausrichtung der Praxis stehen sollte, gibt eine entscheidende Richtung vor. Die Praxis als Marke ist die Idee, die dahintersteckt und Patienten motiviert und binden soll. Neben der Patientenbindung geht es hier auch um die Neugewinnung von Patienten, die auf verschiedenen Ebenen stattfinden kann (siehe hierzu die Kapitel zur „Kommunikation in der Zahnarztpraxis“ und zur „Presse- und Öffentlichkeitsarbeit“).

5) Die Serviceleistungen

Die Serviceleistungen einer Zahnarztpraxis sollten heute längst über das obligatorische Glas Wasser hinausgehen.

Die Patienten sollen von sich aus begeistert über Ihre Praxis berichten – und dazu müssen Sie selbst und ihr Team erst einmal richtig begeistert werden.

Neben einem Hol- und Bringservice, Kaffee- und Getränkeservice gibt es viele weitere kleine Dinge, die den Patienten beim Praxisbesuch zum Strahlen bringen können (Beispiele hierzu finden sich in den folgenden Kapitel).

6) Die Organisation

Zuverlässige und pünktlich eingehaltene Termine sind heutzutage für die Patienten wichtig. In einer Zeit, wo ein Termin den anderen jagt und niemand wirklich zu viel Zeit hat, ist es nervig, wenn trotz festem Termin längere Wartezeiten entstehen.

Die Praxis bekommt dann leicht ein Image, das in Richtung schlechte Organisation bis zu chaotisch und unzuverlässig reicht und unter den Patienten die Frage verbreiten lässt: Und hier soll ein guter Zahnarzt arbeiten? Allein die Wartezeiten in manchen Praxen haben schon dazu geführt, dass gute Patienten den Zahnarzt verlassen haben.

Der grundsätzliche Tipp dazu ist: Bauen Sie sich ein gutes Terminmanagement auf, bei dem wirklich alles genau berücksichtigt wird. Von den tatsächlichen Zeiten, die bei einer bestimmten Behandlung auch wirklich benötigt werden, bis hin zu besonderen Zeitblocks und Pufferzonen für Schmerzfälle. Nicht zuletzt auch eine Warteliste für Patienten, die bei Terminabsagen von anderen Patienten schnell nachrücken können. In diesem Fall empfiehlt es sich, in der Anlaufphase auf eine externe Praxistrainerin zurückzugreifen, die dann alles gemeinsam mit Ihrem Team erfolgreich etabliert.

7) Das Marketing

„Tue Gutes und sprich darüber" ist ein altbekanntes Sprichwort, das weiterhin zutrifft, insbesondere auch auf den Bereich Marketing.

Es reicht heutzutage nun mal nicht mehr aus nur ein guter Zahnarzt zu sein, sondern man muss sich auch abheben von der Konkurrenz und die Besonderheiten und Stärken der eigenen Praxis richtig kommunizieren. Der Erfolgsfaktor Marketing ist in einer modernen Zahnarztpraxis ebenfalls ein wichtiger Schlüsselfaktor, der – wenn er gut und professionell genutzt wird – der Praxis ein besonderes und unverwechselbares Image geben kann. In diesem Prozess, der auch permanent weiterentwickelt werden muss, arbeitet man regelmäßig weiter für den aktuellen und zukünftigen Erfolg.

8) Die Praxisgestaltung

Die Optik der Praxis spielt in der heutigen Zeit in den Augen der Patienten eine sehr wichtige Rolle und sie werden davon einiges ableiten. Sie verbinden, auch wenn das bei einigen Zahnärzten noch immer nicht angekommen ist, die schöne moderne Optik und gute Farbgestaltung einer Praxis automatisch mit einer guten Zahnarztpraxis und einer fachkompetenten Inhaberin. Denken Sie dabei auch an die Wirkung und Aussagekraft von einzelnen Farbrichtungen und verwenden Sie nur positive Farben.

Lernen Sie doch zu einmal zu denken, wie ihre Patienten denken: Gehen Sie einmal offen mit ihren Augen durch ihre Praxis, dann wird Ihnen sicherlich vieles klarer. Es geht darum, den Patienten die sprichwörtliche Angst vor dem Zahnarzt und das negative Gefühl zu nehmen und sie, im Idealfall, in die positive Erlebniswelt Ihrer Zahnarztpraxis eintauchen zu lassen (siehe den entsprechenden Abschnitt im Kapitel „Kommunikation in der Zahnarztpraxis").

9) Die wichtigsten Partnerschaften

Partnerschaften und Netzwerke sind in jedem Gebiet sinnvoll und hilfreich, gerade auch für eine Zahnarztpraxis. Es gibt einige wichtige Partnerschaften, die nicht zuletzt einen entscheidenden Einfluss auf den Erfolg der Praxis haben.

Filtern Sie diese wichtigen Beziehungen heraus und besetzen Sie sie mit Top-Partnern (siehe dazu auch das anschließende Kapitel „Partnerschaften für den Erfolg").

10) Die Fachkompetenz

Die fachliche Kompetenz eines Zahnarztes ist ein wesentlicher Faktor, um seine Praxis langfristig auf eine gute Basis zu stellen. Aus diesem Grunde sollte die Praxis ihren Patienten heutzutage nur Leistungen anbieten, bei denen eine ausreichend hohe fachliche Kompetenz gegeben ist.

Sollte dies in einzelnen Bereichen nicht der Fall sein, empfiehlt es sich eine Kooperation mit einem Spezialisten im entsprechenden Bereich zu etablieren. Wechselnde Kooperationen stellen dagegen einen Risikofaktor dar, den man vermeiden sollte.

11) Die Betriebswirtschaft

Die wirtschaftliche Seite einer Praxis sollte immer im Fokus stehen, damit Probleme frühzeitig erkannt werden, bevor die Praxis in eine große Schieflage gerät.

So helfen vernünftig aufgebaute Kontrollmechanismen in Form von Tabellen und Planungen dabei, die Zahnarztpraxis auf dem richtigen Kurs zu halten.

12) Die Strategie

Das Konzept einer Praxis hat maßgeblichen Anteil am Gesamterfolg. Deswegen braucht jede Praxis eine klare Richtung mit Wegweisern, die sie zum Ziel führen. Wenn so ein System nicht vorhanden ist, steuert die Praxis wie ein zielloses Schiff im offenen Meer herum. Die Strategie hilft mit einem klaren Plan, der nach Themenbereichen und zeitlichen Vorgaben strukturiert ist, die einzelnen Teilschritte zu erreichen.

Zusammengefasst bedeutet das einfach und kurz formuliert: Wenn Sie diese Erfolgsfaktoren wirklich leben und berücksichtigen, spielen Sie im Kreislauf des Erfolges mit.

Wie gut dies geht, hängt von der erfolgreichen Umsetzung dieser Faktoren ab. Also, geben Sie sich Mühe und kontrollieren Sie diese Erfolge regelmäßig wieder, denn Sie haben es in ihrem Team und auch generell mit Menschen zu tun, die natürlichen Schwankung unterliegen.

Nur so gewährleisten Sie immer ausreichend fit und up to date zu sein.

Partnerschaften für den Erfolg

Gute Partnerschaften sind in der heutigen Zeit ein wichtiger Faktor. Ein selbständiger Zahnarzt kann angesichts der großen Anforderungen, die heutzutage mit dem Unternehmen Zahnarztpraxis auf ihn warten, nicht in allen Bereichen perfekt sein. Aus diesem Grunde ist es wichtig, sich für die einzelnen Fachbereiche in der Praxis jeweils entsprechende Top-Partner zu suchen, da diese Partner in der Regel ein 100-prozentiges Know-how in ihrem Fachgebiet aufweisen. So erhöht die Zahnarztpraxis ihr gesamtes Know-how deutlich und sorgt dafür, dass alle wichtigen Bereiche optimal abgedeckt sind. Als Einzelkämpfer unterwegs zu sein und alles alleine zu versuchen, ist heutzutage auch nicht mehr zeitgemäß bzw. teilweise gar nicht möglich. Zudem birgt es viele Risiken in sich, die sich durch Kooperationen weitgehend vermeiden lassen.

Dental Depots

Der Dentalfachhandel beliefert die Zahnarztpraxis in der Regel sowohl mit Einrichtungsgegenständen als auch mit entsprechenden Verbrauchsmaterialien, womit er ein wichtiger Partner im Tagesgeschäft des Zahnarztes ist. Mittlerweile gibt es eine große Anzahl von so genannten „Dental Depots“, die Zahnärzten über die normale Lieferung von Produkten hinaus unterschiedliche Leistungspakete anbieten. Wichtig bei der Auswahl des geeigneten Partners ist, dass Sie sowohl vom Leistungsspektrum des Dental Depot als auch von der persönlichen Betreuung des einzelnen Fachberaters überzeugt sind. Oftmals machen Zahnärzte hier den Fehler, dass sie die geplante Zusammenarbeit allein von der Höhe der Rabatte gegenüber dem Listenpreis abhängig machen, doch das ist sicherlich der falsche Weg. Der Kaufpreis alleine ist nicht das Entscheidende, vielmehr kommt es auf die persönliche Unterstützung und Betreuung des einzelnen Partners an. Es empfiehlt sich hier, im Vorfeld mehrere Gespräche zu führen und sich Zahnarztpraxen als Empfehlung geben zu lassen, um dann die richtige Wahl zu treffen.

Folgende Fragen sollten dabei gestellt werden:

- Was unterscheidet Sie von den anderen Firmen, die infrage kommen?
- Was können Sie generell für mich tun?
- Welche Leistungen kann ich von Ihnen erwarten?
- Wie schnell kommt ein Techniker von Ihnen, wenn ich ein Problem habe?
- Welche Fortbildungen und Schulungen bieten Sie an?
- Wer sind meine Ansprechpartner in ihrem Hause?
- Welche Kosten kommen bei Ihnen pro Monat und für welche Leistungen auf mich zu?

Dies sind nur ein paar Beispiele für Fragen, die Sie stellen sollten.

Wichtig dabei: Führen Sie am besten mit verschiedenen Anbietern ein solche Gespräch, um einen guten Vergleich zu haben, und lassen Sie sich dann eventuelle besondere Zusagen und Vereinbarungen immer schriftlich geben.

Steuerberater

Auch die richtige Beratung zu Steuer- und Rechtsfragen spielt eine entscheidende Rolle im Erfolgskreislauf ihrer Praxis. Ihren Steuerberater sollten sie deshalb sehr sorgsam auswählen und dabei genau überprüfen, ob er wirklich zu Ihnen und Ihrem Praxiskonzept passt.

Auch hier werden oftmals Fehler bei der Auswahl und der damit verbundenen Prüfung gemacht, die oft nicht ausreichend detailliert geschehen. Das stellt man dann aber vielleicht erst nach Jahren fest, wenn „das Kind schon längst in den Brunnen gefallen“ ist. Insbesondere, wenn man sich mit viel Aufwand und Mühe den Erfolg der Praxis hart erarbeitet hat, sollte die optimale steuerliche Betreuung und Verwaltung ein besonderer Baustein sein. Erkundigen sich deshalb vorab genau, welcher Steuerberater bzw. welche Kanzlei am besten zu Ihnen passt.

Folgende Fragen helfen ihnen dabei:

- Welche Erfahrung hat die Steuerkanzlei mit Heilberufen und ganz speziell mit Zahnärzten?
- Habe ich einen einzelnen Betreuer oder werde ich von mehreren Betreuern gecoacht?
- Welche Kompetenz haben diese Betreuer/Berater?
- Wie groß ist die Kanzlei und welchen Stellenwert haben meine Praxis und ich selbst dort?
- Welche regelmäßigen Auswertungstools bekomme ich und in welchen Zeiträumen?

- Wie viel Zahnarztpraxen werden tatsächlich aktuell betreut?
- Werden eventuell nur große oder nur kleine Praxen von der Kanzlei beraten?
- Gibt es spezielle Schwerpunkte, die die Kanzlei hat, und sind diese für mich relevant?
- Welche Kosten entstehen für die Beratung und was bekomme ich dafür?

Die Bank

Der optimale Bankpartner ist ebenfalls ein wichtiger Teil im Erfolgskreislauf einer Zahnarztpraxis. Es ist eine feste Partnerschaft in guten, aber auch in eventuell weniger guten Zeiten. Sie gehen normalerweise eine langfristige Verbindung mit der jeweiligen Bank ein, die in der Regel über das gesamte Praxisleben und oftmals auch weit darüber hinaus Bestand hat. Es fällt auf, dass manche Banken insbesondere in der ersten Kontaktphase sehr großes generelles Interesse an der Zusammenarbeit mit einem Zahnarzt haben und deshalb auch gezielte Akquise schon während der Ausbildung von Zahnärzten betreiben, um so frühzeitig mit eventuellen späteren Kunden in Kontakt zu kommen.

Lassen Sie sich aber nicht allein von Dingen in dieser ersten Anwerbungsphase blenden, sondern achten Sie zu dem Zeitpunkt, wo Sie diesen Partner benötigen, auf die für Sie selbst besten Gesamtbedingungen. Daher sollte man auch hier mehrere Vergleiche ziehen und dementsprechend Gespräche mit verschiedenen Bankinstituten führen. Bereiten Sie sich auf diese Gespräche intensiv vor und nehmen Sie am besten ihren Steuerberater mit dazu.

Neben einem möglichst guten Plan, wie ihr Konzept funktionieren soll, inklusive einer genauen Beschreibung ihres zukünftigen Praxisstandortes gehören aber auch die eigene fachliche Kompetenz sowie das zukünftige Leistungsspektrum, das Sie Ihren Patienten anbieten wollen, in diese Vorstellung ihrerseits.

Ideal ist dafür natürlich, dem Bankpartner einen professionell ausgearbeiteten Businessplan vorzulegen, der dann alle benötigten Bestandteile enthält, sowohl zum Kapitalbedarf für eine Neugründung als auch für einen weiteren Ausbau einer Praxis.

Je besser Sie vorbereitet sind, um so einfacher werden Sie einen potentiellen Bankpartner finden, der diesen Weg mit Ihnen gehen möchte. Außerdem werden dann natürlich auch nebenbei die möglichen Bankkonditionen besser sein, wenn Sie die Bank als Unternehmer mit Daten und Fakten überzeugen können.

Die wichtigsten Fragen für die Bankauswahl sind:

- Welche Größe und Reichweite hat mein zukünftiger Bankpartner?
- Wie sind die Strukturen dieser Bank aufgebaut?
- Wie weit ist sie im Gesundheitsbereich und insbesondere für Zahnärzte aktiv?

- Welche Leistungen kann ich erwarten?
- Welche Servicebereiche werden angeboten?
- Welches Finanzvolumen stellt man mir von sich aus zur Verfügung?
- Welche Sicherheiten werden dafür eventuell verlangt?
- Was ist, wenn ich einmal weitere Mittel darüber hinaus brauchen sollte?
- Welche Zinskonditionen etc. werden mir angeboten?
- Wie sind die Laufzeiten für die Darlehen geregelt?
- Wer ist mein direkter Ansprechpartner?
- Welchen Entscheidungsspielraum hat er?
- Wie sieht es bei einer vorzeitigen Ablösung der Kredite aus, entstehen dann Vorfälligkeitsentschädigungen?

Dies sind nur einige Fragen als Beispiele, die dazu helfen sollen, aktiv den optimalen Partner zu finden. Es empfiehlt sich, wie erwähnt, auch hier in jedem Fall im Vorfeld mit mehreren potentiellen Partnern zu sprechen, um vergleichen zu können und die optimale Lösung für sich zu finden.

Finanzdienstleister

Das Arbeiten mit Finanzdienstleistern stellt eine weitere Möglichkeit dar, eine entsprechende Finanzierung zu realisieren. Da diese Partner meistens mit mehreren Banken in Kontakt stehen, erleichtert das eventuell die Sache hinsichtlich des Zeitaufwands. Doch Achtung: Wenn Sie diesen Schritt gehen, sollten Sie sich vorher genau informieren, wie das Unternehmen aufgestellt ist, denn manchmal werden nicht alle möglichen

Bankpartner ins Leistungsspektrum aufgenommen. Außerdem sind einige dieser Dienstleister stark abhängig von Provisionen und arbeiten nicht gerne gegen Beratungshonorar. Aus diesem Grunde sollte man schon etwas kritischer an die Sache herangehen und vieles auch genau hinterfragen. Sollte man aber über diesen Weg einen seriösen und guten Partner gefunden haben, erleichtert dies natürlich die Arbeit enorm und bringt eine Menge Zeitersparnis mit sich.

Unternehmensberatung und Werbe-/Marketingagentur

In der heutigen Zeit ist neben dem fachlichen Spektrum der Praxis auch das Marketing und der Auftritt nach außen enorm wichtig. Dies überfordert im Allgemeinen die Zahnärzte meistens sehr, weil sie in diesem Fachbereich in aller Regel wenig Basiswissen besitzen. Aus diesem Grunde tummeln sich mittlerweile viele Berater in diesem Markt, die es sich auf die Fahne geschrieben haben, dem Zahnarzt und seinem Team als kompetenter Partner zur Verfügung zu stehen. Doch Achtung: Nicht jeder Berater hat auch wirklich die Kompetenz, Sie und ihre Praxis weiter nach vorne zu bringen. Manchmal werden hier Kosten aufgerufen, die die Praxis nicht wirklich weitergebracht haben. Machen Sie sich deswegen ein genaues Bild von ihrem zukünftigen Partner vor der eventuellen Zusammenarbeit und lassen sich auch in jedem Fall Referenzen geben, die Sie entsprechend kontaktieren können. Sonst stellt sich auch die generelle Frage, in welchen Bereichen Sie wirklich Hilfe brauchen. Ein seriöser Berater wird immer erst mit einem intensiven Kennenlern-Gespräch starten und darauf aufbauend eine ausführliche Analyse der Praxis durchführen, um den aktuellen Ist-Zustand realistisch beurteilen zu können. Andere Vorgehensweisen sind sehr kritisch zu betrachten, da den Beratern sonst der wirkliche Überblick fehlt. Auch kritisch zu sehen ist es, wenn ein Berater zu viele Einzelaspekte selbst abdeckt, ohne Spezialisten für die einzelnen Bereiche im Hause zu haben oder mit ihnen zu kooperieren.

Es macht aber generell sicher Sinn, wenn sie den richtigen Partner gefunden haben, ihn für die Praxis unterstützend arbeiten zu lassen und sich auf diese Weise eine zusätzliche Hilfe zu holen. Neben neuen Ideen und regelmäßigen Jahreszielplanungen spielt auch das Controlling durch diesen Partner eine wichtige Rolle.

Folgende Fragen sind bei der Auswahl eines entsprechenden Partners wichtig:

- Wie viele Praxen werden von ihm schon beraten?
- Wie viel Erfahrung in der Beratung von Zahnarztpraxen ist vorhanden?
- Wie groß ist das Unternehmen?
- Seit wie viel Jahren gibt es das Unternehmen bereits?
- Welche Bereiche werden selbst bzw. durch Partner abgedeckt?
- Welche Kompetenz haben die einzelnen Berater?
- Wer ist der Ansprechpartner?
- Welche Kosten entstehen ihnen?

- Über welchen Zeitraum verteilen sich diese Kosten?
- Welche Förderungsmöglichkeiten gibt es?
- Welchen Zeitraum wird für die Beratung angesetzt?
- Welcher Aufwand entsteht für ihre Praxis?
- Welche wirtschaftliche Entwicklung ist zu erwarten?

Zusammengefasst bedeutet das: Wenn Sie einmal den richtigen Beratungspartner gefunden haben und Sie mit ihm gemeinsam ihre Wünsche und Ziele festgelegt haben, können Sie entscheiden, in welchen Bereichen Sie seine Unterstützung brauchen können. Dann ist eine erfolgreiche langfristige Zusammenarbeit sicher möglich.

Versicherungen

Das Thema Versicherung und die daraus resultierende Partnerschaft muss in diesem Teil ebenfalls angesprochen werden, denn auch hier sind große Fehlerquellen möglich. Aus der Vergangenheit weiß man, dass gerade für einzelne Zahnarztpraxen in einem Schadensfall das große Erwachen kommt, wenn die in dem entsprechenden Fall notwendigen Versicherungen nicht abgeschlossen wurden. Auf der anderen Seite hört man immer wieder von Praxen, die extrem überversichert sind.

Wie also das richtige Paket finden? Ganz entscheidend dabei ist es, vorab sowohl von der rechtlichen Seite als auch der fachlichen Seite die erwarteten Risiken zu kennen, sie genau einzuschätzen und dann auch entsprechend genau abdecken zu können. Hier gibt es spezielle Versicherungspartner, die gezielte

Angebote für Zahnärzte haben. Es empfiehlt sich aber auch in diesem Bereich, die Angebote und Anbieter genau auf Herz und Nieren zu prüfen, denn eine ganze Reihe von Praxen in Deutschland sind eben nicht optimal versichert – was sie allerdings, wie gesagt, erst im Schadensfall bemerken. Deswegen überprüfen Sie – egal ob sie vor der Praxisöffnung stehen oder einen laufenden Praxisbetrieb haben – Ihr Versicherungspaket regelmäßig. Lassen Sie sich dazu auch gerne mehrere Angebote mit genauer Leistungsbeschreibung für die benötigte Versicherung geben

Die wesentlichen Fragen dafür lauten:

- Welche Absicherungen benötige ich?
- Was beinhalten diese Absicherung im Schadensfall?
- Welche Versicherung deckt das ab?
- Was kostet mich diese Versicherung?
- Ist das Kosten-Nutzen-Verhältnis wirklich gut?
- Welche Betreuung erhalte ich?

Insgesamt empfiehlt es sich auch hier wieder, wirklich genau hinzuschauen und dabei auch zu vergleichen. Lassen Sie sich die oftmals nur sehr schwer verständlichen Versicherungspakete genau erklären und entscheiden Sie sich dann für die beste Partnerschaft nach Ihren eigenen Kriterien und Umständen.

Abrechnungsstellen und Patientenfinanzierungsgesellschaften

Der Bereich Abrechnungsstellen und Patientenfinanzierung nimmt in der heutigen Zeit einen immer größeren Stellenwert ein. Damit kann zum einen die Liquidität deutlich verbessert werden, zum anderen wird auch der reibungslose Ablauf der Praxis gefördert. Gerade Patienten, die entsprechende Behandlungsleistungen bei Ihnen abrufen möchten, aber die finanziellen Mittel nicht immer direkt haben, erhalten damit die Möglichkeit, ohne dass Sie selbst die Bank spielen müssten, sich diese Leistung zu ihren passenden Raten auch erlauben zu können.

Vergleichen Sie bitte aber auch hier die Leistungen und die Kosten der einzelnen Anbieter, da es gerade in diesem Bereich doch größere Unterschiede gibt.

Die wichtigsten Fragen zu diesem Thema lauten:

- Welchen Bedarf habe ich im Bereich Abrechnung/Patientenfinanzierung?
- Welchen Service möchte ich meinen Patienten ermöglichen?
- Wie einfach oder kompliziert ist der Ablauf?
- Wie schnell erhalte ich mein Geld?
- Welche Kosten kommen auf mich selbst zu?
- Welche Ausschlusskriterien gibt es?

Wenn diese Fragen beantwortet sind und Sie Gespräche mit verschiedenen Anbietern geführt haben, haben Sie sicher neben persönlichen Gefühlen und Einschätzungen auch Daten und

Fakten auf dem Tisch, um sich für einen Anbieter entscheiden zu können. Insgesamt hilft diese Dienstleistung Ihrer Praxis enorm und bietet Ihnen neue interessante Chancen.

Rechtsanwalt

In der heutigen Zeit empfiehlt es sich ebenfalls, einen kompetenten Partner in allen Rechtsfragen rund um die Praxis zur Verfügung zu haben. Ob es um Patienten mit Reklamationen oder Abrechnungsproblematiken geht oder um Problematiken mit Lieferfirmen aus den einzelnen Bereichen, Sie sollten sich fachkompetente Beratung für die einzelnen Bereiche bei einem oder eventuell mehreren Anwälten suchen. Dabei sollten wiederum insbesondere die Erfahrungen mit Zahnarztpraxen einen besonderen Stellenwert haben.

So, nun haben Sie hier sicherlich genügend Tipps erhalten, wie Sie sich ein gutes und wichtiges Partnernetzwerk aufbauen können. Nun müssen Sie es nur noch aktiv umsetzen.

Wünsche, Träume und Bedürfnisse

Kennen Sie diese Sätze? „Du kannst alles erreichen, wenn Du nur willst“, oder auch: „Alles beginnt bei unseren Wünschen und Träumen“ – Sätze, die manchmal zu unserem ständigen Begleiter werden können. Sie geben uns Kraft, Hoffnung und den Glauben, Dinge verändern zu können. Und tatsächlich sieht man manchmal, wie sich daraus neue Dinge entwickeln können.

Wenn unsere Träume und Wünsche sehr deutlich und tief in uns verankert sind und eine wichtige Rolle in unserem Leben einnehmen, dann wird es Zeit, sie zu realisieren. Doch Ängste und Unsicherheit hemmen uns oftmals in diesem Prozess, sodass gute Ideen leider nicht in die Tat umgesetzt werden können. Das können wir ändern, indem wir gezielt gegen diese Ängste und Unsicherheiten ankämpfen. Wenn wir uns realistisch klar gemacht haben, dass uns bestimmte selbstgesteckte Ziele wirklich wichtig sind, dann sollten wir all unsere Kraft und Energie dafür einsetzen, sie zu realisieren.

Wie werden aber Wünsche und Träume realisiert? Nun, im Großen und Ganzen durch Menschen, die etwas wirklich wollen, die eine Portion Mut haben, ehrgeizig sind und nicht gleich aufgeben.

Mit diesen Voraussetzungen hat man gute Chancen, sein Leben zu verändern und Dinge, die man sich wirklich wünscht, auch realisieren zu können.

Die Wünsche und Träume müssen so stark vorhanden sein, dass man sie zu einem festen Ziel werden lässt.

Wenn dies der Fall ist, setzt man sich einfach realistische Teilziele mit jeweils festen Zeitvorgaben, bis wann man den einzelnen Teilschritt erledigt haben möchte. Achten Sie dabei bitte darauf, dass diese Teilschritte sowohl vom Inhalt als auch von der zeitlichen Planung her wirklich realistisch und somit tatsächlich erreichbar sind.

Das Erreichen jedes Teilschrittes bringt uns unserem großen Gesamtziel immer ein Stück näher. Zudem sorgt das Erreichen jedes einzelnen Schrittes für eine große Motivation, den Weg weiter erfolgreich zu beschreiten.

Gerade wenn Sie erkannt haben, dass Sie Ihr Weg in den letzten Jahren nicht näher an Ihr großes Ziel gebracht hat, entwickeln Sie eventuell besser gemeinsam mit einen Profi einen neuen Weg, der besser zu Ihnen passt und die realistische Chance hat, das Ziel auch zu erreichen. Oftmals muss man, wenn man gemerkt hat, dass es so nicht weitergeht, alte Pfade verlassen und neue Wege angehen. Diese Wege müssen dann aber mit vollem Engagement durchgezogen und konsequent verfolgt werden.

Also, hören Sie auf vor sich hinzuträumen und darauf zu warten, dass sich alles von selbst löst – denn das ist vollkommen unrealistisch.

Tipps für mehr Energie und Motivation

Sie können diesen gesamten Prozess nur erfolgreich umsetzen, wenn Sie persönlich dafür genügend Energie und Motivation haben. Doch wie bekommt man die nötige Energie und Motivation?

Dies hat zum einen natürlich viel mit der eigenen Einstellung zu tun, aber zum anderen auch wie man sich selbst neue Kraftfelder und Motivationshilfen erschließt.

In der heutigen Zeit gibt es viele Möglichkeiten dazu ,neben regelmäßigem Sport der uns eine gewisse Grundfitness verhilft, helfen z.b Yoga und Meditationen dabei den Körper zu einer inneren Ruhe zu bringen, um sich zum Einen wieder zu sammeln und zum Anderen seine eigenen Energien aufzutanken und zu bündeln.

Wichtig ist das Gefühl dabei zu haben zur Ruhe zu kommen und das Verhältnis zwischen Anspannung und Entspannung im richtigen Verhältnis zu haben damit das innere Gleichgewicht erhalten bleibt oder wieder neu zu gewinnen.

In diesen Fällen müssen Sie für sich selbst entscheiden je nach Persönlichkeit ob Sie z.B Yoga lieber im Einzelunterricht oder in einer Gruppe erlernen und dann regelmäßig durchführen wollen.

Wichtig ist dabei diese Dinge dann wirklich regelmäßig zu machen, und Sie werden dann wenn Sie es richtig und Konsequent machen dabei ganz neue Kräfte und Motivation spüren .

Darüber hinaus helfen positives Denken und verschiedene Visualisierungstechniken aus dem Sport dabei, die Ziele nicht aus den Augen zu verlieren.

Gerade Leistungssportler nutzen solche Techniken, um sich in schwierigen Phasen, wie zum Beispiel bei Verletzungen oder schlechten Wetterverhältnissen, zu motivieren, indem sie sich immer wieder die Erreichung der angestrebten Ziele mit den ganzen damit verbundenen Erlebnissen und Gefühlen vor ihrem inneren Auge vorstellen, um daraus extrem viel neue Kraft und Motivation zu ziehen.

Dies kann man natürlich bei Ihrem Projekt genauso nutzen, indem Sie sich regelmäßig, insbesondere in schwierigen Momenten die erfolgreiche Umsetzung und alle damit verbundenen Gefühle ihres neuen Praxiskonzeptes vor ihrem inneren Auge vorstellen.

Nutzen Sie die hier vorgeschlagenen Unterstützungen am Besten zusammen um Ihnen genügend Energie und Motivation zuzuführen damit Sie ihre Ziele auch erfolgreich erreichen können .

Der Aufbau eines eigenen Praxiskonzeptes

Nachdem ich Ihnen verschiedene Möglichkeiten und Chancen sowie die wichtigsten Faktoren für eine erfolgreiche Zahnarztpraxis aufgezeigt habe, ist es nun an der Zeit: Sie sollen gezielt Ihr bisheriges Praxiskonzept genauer unter die Lupe zu nehmen und überprüfen, ob es wirklich schon auf einem passenden Stand ist oder ob es gegebenenfalls etwas anzupassen und zu verändern ist.

Nachdem Sie zuerst ihre Wünsche und Ziele überprüft und möglichst klar definiert haben, vergleichen Sie sie mit dem aktuellen Ist-Zustand Ihrer Praxis. Danach können Sie daran gehen, die Dinge, die eventuell nicht optimal sind, aktiv zu verändern.

Achtung: Sollte es Ihnen schwerfallen, den Ist-Zustand ihrer Praxis realistisch und objektiv beurteilen zu können, empfiehlt es sich an dieser Stelle einen Profi einzuschalten, der eine genaue externe Analyse Ihrer Praxis erstellt. Es ist nämlich gerade in diesem Bereich sehr wichtig, wirklich alle relevanten Aspekte mit potenziellen Fehlerquellen genau zu durchleuchten, um darauf aufbauend überhaupt Veränderungen durchführen zu können. Nachdem Sie diesen Schritt erfolgreich abgeschlossen und alle Fehlerquellen gut herausgearbeitet haben, beginnen Sie dann bitte Step by Step mit der praktischen Umsetzung. Setzten Sie sich bei der schrittweisen Vorgehensweise aber realistische Zeitvorgaben, bis wann Sie die einzelnen Punkte verändert und umgesetzt haben wollen, und arbeiten Sie diese dann nach Ihrem Zeitplan ab.

Denken Sie bei diesem Zeitplan auch an das normale Tagesgeschäft, das Sie tagtäglich noch zusätzlich bewältigen müssen. Man sollt den Zeitplan also besser nicht zu eng setzen. Die realistische Zeitplanung zur Umsetzung für solche Projekte beträgt in der Regel ca. 12–18 Monate, es kann jedoch je nach Ausgangssituation auch einmal länger dauern.

Und noch ein genereller Tipp, der nicht nur für diesen Bereich gilt: Setzen Sie Prioritäten – das Wichtigste zuerst. Gehen Sie erst zum nächsten Schritt über, wenn Sie eine Sache erfolgreich abgeschlossen haben. Wenn Sie so die einzelnen Zwischenschritte erfolgreich abarbeiten, ist das Gesamtziel bald erreicht.

Es klingt eigentlich sehr einfach, doch die praktische Umsetzung ist natürlich oft nicht ganz so übersichtlich wie die theoretisch angedachte Planung. Deswegen muss ein klarer Plan mit genauen Zeitvorgaben her, wie und bis wann die einzelnen Punkte umgesetzt werden sollen. Das hilft uns sehr und ist so etwas wie unser Fahrplan. Mit der richtigen Motivation, die Sie in einem der weiteren Kapitel noch finden werden, helfen Sie diesen Veränderungsprozessen entscheidend auf die Spur.

Freuen Sie sich auf etwas Neues.

Die Erfolgspyramide

Die Erfolgspyramide zeigt hier den genauen Ablauf von der ermittelten Ausgangssituation bis zur Zielerreichung der Praxis auf.

Nach ausführlicher Analyse des aktuellen Ist-Zustandes und einer genauen Zieldefinition wird die praktische Umsetzung in zwei Entwicklungsphasen (I und II) umgesetzt, die je nach individueller Ausgangssituation der Praxis in der Regel jeweils 6–12 Monate dauern und zum Schluss zur erfolgreichen Zielerreichung führen sollen.

POS – die eigene Praxisstrategie entwickeln

Das richtige Konzept bzw. die richtige Strategie zu haben, ist nicht nur in vielen anderen Bereichen der Wirtschaft und des Lebens wichtig, sondern gerade auch in der heutigen Zeit in einer Zahnarztpraxis ein wichtiger Faktor.

Oftmals entscheidet die richtige Strategie ganz wesentlich über Erfolg oder Misserfolg von Unternehmen, unabhängig von der Branche, und eben auch bei Zahnarztpraxen.

Doch wie finde ich die richtige Strategie für meine Praxis?

Nun, dafür gibt es wie in vielen Bereichen keine Standardantwort. Lassen Sie mich so viel dazu sagen: Je genauer Sie wissen, was Sie wollen, je klarer Sie ihre Wünsche und Ziele kennen und definiert haben, umso einfacher wird es sein die richtige Strategie zu finden.

Das heißt nichts anderes als: Je genauer Sie sich mit allem, was Sie möchten und gerade auch nicht möchten, auseinandersetzen und je genauer das Bild ist, umso einfacher wird es dann möglich sein daraus eine Strategie abzuleiten (siehe dazu auch unbedingt das Kapitel „Wünsche und Ziele“).

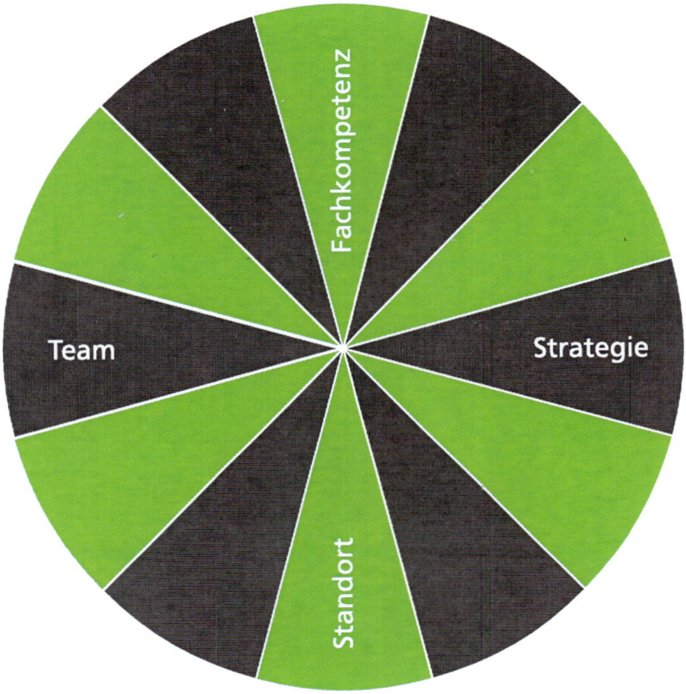

Die Basics einer Zahnarztpraxis

Im Folgenden werden für eine Zahnarztpraxis die Basics zum Start des Praxiskonzeptes erläutert. Ohne diese Faktoren wird es sicher wenig Sinn machen, über eine erfolgreiche Perspektive überhaupt nachzudenken.

Bitte sehen Sie dies wirklich nur als eine erste grundsätzliche Startvoraussetzung an, die dann unbedingt mit allen anderen Erfolgsfaktoren ergänzt werden muss.

Die nachfolgend vorgestellten Punkte und Fragen können Ihnen dabei behilflich sein.

Die Patienten-Orientierte Strategie (POS) für die Zahnarztpraxis besteht aus sechs verschiedenen Schritten:

- Step 1: Fragen Sie sich, was Sie alles als Zahnarzt besonders gut leisten können und möchten.
- Step 2: Welche Patienten passen am besten zu ihren Leistungen bzw. zu ihrem Angebot?
- Step 3: Welche Wünsche und Bedürfnisse haben diese Patienten?
- Step 4: Richten Sie Ihr Praxiskonzept speziell auf diese Wünsche und Bedürfnisse ihrer Patienten aus.
- Step 5: Kommunizieren Sie Ihre Ausrichtung intensiv nach außen.
- Step 6: Kontrollieren Sie diesen Prozess innerhalb Ihrer Praxis regelmäßig und entwickeln Sie sich und ihre Praxis auf diese Weise immer weiter.

Diese einzelnen Schritte müssen natürlich genau ausgearbeitet und fest definiert werden, aber sie helfen Ihnen dabei, einen neuen, anderen und besonderen Weg mit Ihrer Praxis einzuschlagen, um so aus der Masse von Zahnarztpraxen herauszutreten (siehe dazu auch das folgende Kapitel zur Praxis als Marke). Langfristig erfolgreich wird man meiner Meinung nach jedenfalls nicht sein, wenn man immer nur mit der Masse mitschwimmt.

Die Praxis als Marke

Eine Zahnarztpraxis als etwas Besonderes darzustellen und von einer Vielzahl von vergleichbaren Praxen abzuheben, ist sicher nicht leicht, gerade weil Patienten in der heutigen Zeit generell leichter suchen und finden können. Wenn es aber gelingt, eine Praxis langfristig zu einer Marke aufzubauen, sticht sie aus der Masse der vielen anderen Praxen heraus.

Eine Marke hat viele Besonderheiten und verfügt über eine unglaubliche Strahlkraft. Marken binden und vereinen Menschen und können deshalb auch Produkte und Dienstleistungen besonders und unverwechselbar machen.

Kann eine Praxis überhaupt zur Marke werden?

Ja, sie kann das schaffen. Die Voraussetzung dafür ist allerdings, dass man klar entsprechend der Kriterien und Faktoren vorgeht, die Marken generell ausmachen und auszeichnen. Das ist zudem ein Prozess, der Zeit in Anspruch nimmt und regelmäßig weiterentwickelt werden muss.

Was zeichnet denn eine Marke überhaupt aus?

Eine Marke ist etwas Besonderes und anders als Alternativen, die auf den ersten Blick mehr oder weniger ähnlich wirken. Sie sollte einzigartig und unverwechselbar sein. Dafür stehen ihre Angebote dann auch über den anderen vergleichbaren Produkten oder Dienstleistungen.

Warum macht es Sinn, eine Marke aufzubauen?

Weil sie Menschen miteinander verbinden wird und so in der Sache immer größer wahrgenommen wird. Nach ihrer Wertigkeit kann eine solche Marke deutlich über einem klassischen Produkt oder einer konventionellen Dienstleistung stehen, sodass sie aus der Masse deutlich hervorstechen wird.

Wie baut man eine Marke auf?

Indem man sich auf den Weg macht, anders zu sein, nicht das hundertste im Grunde identische Produkt anzubieten oder die hundertste gleichartige, verwechselbare Dienstleistung auf den Markt zu bringen.

Wie wird eine Praxis zur Marke?

Eine Marke zu werden ist ein Prozess, der nicht mal schnell nebenbei gemacht wird, der nicht heute anfängt und morgen wieder aufhört. Er ist mit regelmäßiger weiterer Entwicklung und Verbesserung verbunden.

Der Weg zur Marke

Bevor Sie sich als Zahnarzt auf den Weg zu einer Marke machen, gilt es zunächst sich selbst viele Fragen zu stellen und diese dann auch nach Möglichkeit zu beantworten.

- Wer bin ich eigentlich? Das ist eine Frage, die zwar auf der einen Seite ziemlich banal klingt, aber auf der andere Seite gar nicht so leicht zu beantworten ist.
- Für was stehe ich bzw. meine Praxis?
- Was kann ich konkret für meine Patienten leisten?

- Aber auch: Was kann bzw. möchte ich eventuell nicht leisten?
- Was können meine Patienten aus meiner Leistung für Vorteile ziehen, und zwar generell gesehen, aber auch gerade besondere Vorteile?
- Was zeichnet uns als Praxis besonders aus?

Die Antworten auf diese Fragen stellen schon mal die ersten Basics dar, um den Prozess, eine Marke zu werden, langsam aufzubauen und in Gang zu bekommen.

Danach kommen die Fragen nach der Zielgruppe bzw. Kundengruppe, die für mein Produkt interessant ist. In diesem Fall geht es dann eher um die jeweilige Patientengruppe und die besondere Leistung, die ihr angeboten werden soll:

- Was sind das für Patienten?
- Was erwarten sie bzw. wonach suchen sie bei einer besonderen Zahnarztpraxis?
- Welche Werte schätzen sie?
- Welche Gemeinsamkeiten haben sie?
- Welche Erwartungshaltung haben sie an eine Praxis?
- Was mögen sie nicht?
- Was verbindet sie?

Im nächsten Schritt fängt dann die wirkliche Arbeit an:

- Was muss ich tun, um diese Zielgruppe wirklich zufriedenzustellen?

- Wie groß wird die Anzahl der Menschen sein, die eine solche Leistung suchen?

Und weiter geht es mit folgenden wichtigen Fragen

- Wo und wie finde ich diese Patienten?
- Wie binde ich sie an mich?
- Was machen meine Mitbewerber?
- Wie kann ich in dem, was ich mache, besser sein als alle anderen, die etwas Ähnliches tun?

Im nächsten Schritt spielt nun der gesamte Auftritt der Marke eine wichtige Rolle: Dazu gehört in der Konstellation, die wir betrachten, die Optik der Praxisräume selbst, aber gerade auch eine einheitliche Außendarstellung der Praxis mit dem Logo, Broschüren, dem Internetauftritt und allen weiteren wichtigen Bausteinen. Die sogenannte Corporate Identity (kurz CI genannt) ist hier mit all ihren Facetten ein ganz wichtiger Baustein auf dem Weg zu einer erfolgreichen Marke.

Wenn man es dann in einem gewissen Zeitrahmen mit viel Aufwand geschafft hat, diesen besonderen Weg einzuschlagen und zu einer Marke zu werden, gilt es diesen Kurs weiter zu halten und seine Erfolge auszubauen. Um diesen Vorsprung bzw. das Besondere, was man sich hier aufgebaut hat, zu stabilisieren und umzusetzen, bedarf es einer regelmäßigen Weiterentwicklung und permanenten Verbesserung.

Der richtige Standort

Der richtige Standort für die Praxis ist sicher ein nicht unwichtiger Faktor. Egal, ob es um eine Neuniederlassung geht, um eine Praxisübernahme zum Start der Selbstständigkeit oder ob nach einigen Jahren der Erfahrung nochmals ein neuer Weg eingeschlagen werden soll, es stellen sich immer dieselben Fragen. Leider wird dabei, wie bereits erwähnt, allzu oft nur kurzfristig gedacht und nur nach einer guten Lauflage geschaut, ohne über die langfristigen Konsequenzen einer solchen speziellen Lage nachzudenken. So wundert sich manche Praxis nach einer gewissen Zeit, warum sie eine teilweise so durcheinander gewürfelte Patientenklientel hat – die Gründe dafür liegen aber aus Sicht des Marketings klar auf der Hand. Am Anfang steht die Angst im Vordergrund, nicht genügend Patienten zu bekommen, aber – wie wir auch in vielen anderen Bereichen erfahren können – Ängste und Sorgen sind immer schlechte Berater.

Das Prinzip, das hier gewählt wird, ist das immer Gleiche und wird in drei Schritten umgesetzt:

1. Schritt: Man möchte immer direkt sehr schnell viele Patienten haben, um die Angst vor einem eventuellen Scheitern der Praxis zu verlieren.

2. Schritt: Man hat nun genügend Patienten, aber stellt fest, dass es nicht die richtigen Patienten sind, die man sich gewünscht hat, um seine erworbenen fachlichen Kompetenzen erfolgreich umsetzen zu können.

3. Schritt: Man stellt fest, dass man seine erworbene Fachkompetenz nicht einbringen kann und verliert so mehr und mehr den Spaß und die Motivation an der Arbeit. Das wirkt sich dann in der Regel über Jahre hinweg auch unmittelbar auf die generelle Stimmung in der Praxis aus.

Bei dem oben beschriebenen Weg werden möglichst Top-Lauflagen für den Praxisstandort gesucht, um sie dann mit Hilfe von Partnern umzusetzen.

Was hierbei aber leider oftmals nicht berücksichtigt wird: Es werden zwar viele Patienten durch die gute Sichtweise der Praxis angesprochen und sie werden auch die Praxis besuchen. Dabei handelt es sich aber nicht um eine kontrollierte und systematische Patientenentwicklung, bei der auch gewährleistet ist, dass sie zur Praxis und den besonderen Schwerpunkten auch optimal passt. Das kann dann leicht über längere Zeiträume zu einer Stagnation oder Rückschritten der Praxis führen kann.

Der etwas andere Weg

Die Alternative dazu ist, sich eine Praxisfläche zu suchen, die an einem repräsentativen und gut erreichbaren Platz liegt, aber keine direkte Lauflage darstellt. Hier wird man zwar am Anfang sicherlich eine etwas längere Anlaufzeit und eventuell weniger Patienten haben. Dafür kann man sich aber den gewünschten Patientenstamm langsam und gezielt durch ein gutes Empfehlungsmanagement und gezielte PR- und Marketingmaßnahmen aufbauen. Hierbei sollte man aber einplanen, dass die Praxis eine etwas längere Anlaufzeit benötigt, was dann wiederum auch schon bei der Finanzierung berücksichtigt werden sollte.

Zwei Wege – doch welcher passt am besten zu mir? Das können nur Sie allein beantworten.

Deswegen sollte man sich unbedingt vorab die Frage stellen, wohin man mit seiner Praxis gelangen möchte und welche kurzfristigen, mittelfristigen und langfristigen Ziele mit der Praxis verbunden werden. Nur so kann man eine gute und erfolgreiche Entscheidung auf lange Sicht hin treffen.

Folgende Fragen helfen dabei:

- Was sind die kurz-, mittel- und langfristigen Ziele, die ich mit meiner Praxis habe?
- Wie wichtig ist mir eine schnelle Anlaufzeit meiner Praxis?
- Wie wichtig ist es mir meine fachliche Kompetenz regelmäßig einsetzen zu können?
- Aus welchen Gründen sollen meine Patienten zu mir kommen?
- Habe ich die Geduld und die finanziellen Möglichkeiten, mir einen eigenen Patientenstamm langsam aufzubauen?
- Ist das am gewählten Standort möglich?
- Wie kommen die Patienten zu mir?
- Welche Unterstützung kann ich mir durch Partner für diesen Weg suchen?
- Welche Vor- und Nachteile sind bei dem gewählten Standort zu erwarten?

Das sind nur einige der zu beantwortenden Fragen, die natürlich auch von lokalen und persönlichen Aspekten abhängen.

Praxisübernahme oder Neugründung – was ist besser?

Diese Frage wird erwartungsgemäß sehr oft gestellt, ist aber sicher nicht pauschal zu beantworten. Es kommt dabei natürlich immer auf die persönliche Ausgangssituation an und auf das Angebot des einzelnen Projektes.

Eine Praxisübernahme scheint für den Laien auf den ersten Blick immer ein guter und sicherer Weg zu sein, da ja das öffentliche Verständnis signalisiert: Hier war schon länger ein Zahnarzt, es gibt schon Patienten und die Menschen in der jeweiligen Region kennen den Standort. Dagegen scheint eine Neugründung voller Risiken zu sein und hochgradig unsicher. Doch der Schein kann auch trügen.

Bei einer Übernahme stellen sich wie bei einer Neugründung einige zentrale Fragen, unter anderem: Welche Kosten entstehen hierbei für mich selbst? Welche Umbaumaßnahmen kommen auf mich zu?

Eine Übernahme kann in der richtigen Region, mit einem guten Patientenstamm und vernünftiger Ausstattung zu einem guten Preis eine perfekte Startmöglichkeit sein. Umgekehrt kann sie aber – selbst bei einem niedrigen Preis – zu einem großen Problemfall werden, wenn die oben genannten Punkte nicht passend gegeben sind.

Bei einer Neugründung müssen natürlich erst recht der gewählte Standort und das Konzept wirklich passen, damit Ihr Projekt zu einem Erfolg wird.

Bitte verstehen Sie mich in diesem Punkt nicht falsch: Ich bin sicher nicht derjenige, der nur für Neugründungen und gegen Praxisübernahmen ist oder umgekehrt. Meine Botschaft ist lediglich: Man kann kein Pauschalurteil fällen, sondern die Entscheidungen sind immer von der persönlichen Ausgangssituation und dem einzelnen Objekt abhängig zu machen.

Zusammengefasst kann man sagen, dass die Wahl der gewählten Praxisform von sehr vielen individuellen Punkten abhängig ist. Folgende allgemeine Fragen helfen Ihnen bei der Vorentscheidung:

- Welche Vorteile habe ich von einer Praxisübernahme?
- Welche eventuellen Nachteile könnten entstehen?
- Wie gewichte ich diese Vor- und Nachteile für mich selbst?
- Was ist mein Gesamtfazit daraus?

Fragen, wenn eine Übernahme infrage kommt:

- In welchem Zustand ist die angebotene Praxis?
- Was für ein Patientenstamm erwartet mich dort?
- Wie ist die Altersstruktur dieser Patienten?
- Welche Umsätze und Gewinne wurden in den letzten 3 Jahren erreicht und mit welchen Leistungen?
- Welche Kosten entstehen für die Praxis?
- Was muss ich noch investieren?

- Welches Entwicklungspotenzial ist dort noch vorhanden?
- Inwieweit passt diese Ausrichtung zu meiner persönlichen Zielsetzung?
- Wie ist der Standort generell zu bewerten?
- Gibt es eine ordentliche Einarbeitungs- und Übergangsphase?

Wenn Sie diese ersten Fragen überwiegend positiv beantworten können, dann lohnt es sich sicher einen genauen Blick hinter die Kulissen zu werfen und das Ganze in seinen Details noch einmal genauer zu analysieren, auch mit externer Hilfe.

Betriebswirtschaft in der Zahnarztpraxis

Die betriebswirtschaftliche Seite ist ein weiterer wichtiger Erfolgsfaktor, der nicht zu unterschätzen ist.

Hierbei ist es von entscheidender Bedeutung, wie die Praxis sich im Ökosystem von Kassen-, Privat- und Zusatzleistungen positioniert. Umsatz ist dabei nicht alles, denn Praxen werden, wie man heute weiß, schon lange nicht mehr nur nach dem reinen Umsatz oder der Scheinzahl, also wie viel Patienten pro Quartal die Praxis besuchen, beurteilt.

Wenn eine Praxis zu viele Patienten hat, fehlt oftmals die Zeit, mit den Patienten auch über einen kurzen Notfallplan hinaus ein klares Behandlungskonzept zu entwickeln und auf diese Weise für jeden Patienten einen klaren und notwendigen Behandlungsplan zu erstellen und auch langfristig umsetzen zu können.

In einer ganzen Reihe von Fällen haben sich Praxen mit sehr hohen Umsatzzahlen auch als Praxen herausgestellt, die einen enorm hohen Kostenblock vor sich herschieben. Dabei machen sie nicht selten weniger Gewinn als kleinere und mittlere Praxen, die gut aufgestellt sind und deutlich geringere Kosten tragen. Zusätzlich sind Sie mit solch einer Praxis einem großen Risiko ausgesetzt, sich finanziell zu übernehmen. Umgekehrt gibt es natürlich auch große erfolgreiche Praxen, die wirtschaftlich top aufgestellt sind. Deshalb muss jedes Praxismodell separat und losgelöst von anderen bewertet werden.

Generell gibt es nun einmal zwei Stellschrauben, an denen man – wie bei jedem anderen Unternehmen auch – drehen kann: dem Umsatz auf der einen Seite und den Kosten auf der anderen Seite. Bei einer Verbesserung der wirtschaftlichen Lage geht es also im einfachsten generellen Fall darum, den Umsatz zu erhöhen bei gleichen Kosten oder die Kosten zu reduzieren, während der Umsatz gleich bleibt.

Dies bedeutet, wie schon erwähnt: Jeder Praxisinhaber muss für sich selbst entscheiden, mit welchem Modell er leben und arbeiten möchte.

Eine betriebswirtschaftlich erfolgreiche Praxis setzt neben guter Teamarbeit auf eine Reihe weiterer Säulen.

Eine der entscheidenden Säulen ist dabei die Prophylaxe, und zwar zum einen, weil sie medizinisch sehr wichtig ist. Zum anderen ist sie aber auch wirtschaftlich sehr interessant, weil die entsprechenden Leistungen nicht vom Zahnarzt direkt erbracht werden müssen, sondern durch eine geschulte Mitarbeiterin durchgeführt werden können. Somit entfallen bei dieser sehr wichtigen Behandlung die Zeitkosten für den Zahnarzt, was sie damit doppelt interessant ist.

Eine gut aufgestellte Praxis kann mit einen klaren Konzept und einer gut ausgebildeten und geschickten Prophylaxekraft bis zu 150.000 Euro zusätzlich im Jahr erreichen. Bei mehreren Kräften in diesem Bereich erhöht sich das Ganze natürlich entsprechend deutlich. Das sind dann Zahlen, die manche andere

Praxen gerade als Gesamtumsatz haben und die in jedem Fall teilweise die Fixkosten zu decken.

Merke: Eine gut aufgestellte Prophylaxe in der Praxis sorgt einerseits für eine gute gesundheitliche Vorsorge und für eine enge Bindung der Patienten an die Praxis. Andererseits sorgt sie für einen wichtigen Grundumsatz als Basis in der Praxis.

Und quasi nebenbei noch dafür zu sorgen, als Teil des Praxisimage das Motto „Gesunde Zähne ein Leben lang“ zu vermitteln, das ist sicher auch nicht verkehrt.

Hierzu braucht die Praxis aber gut ausgebildete Prophylaxe-Mitarbeiterinnen mit hoher fachlicher und sozialer Kompetenz. Außerdem gehört dazu eine gut aufgebaute Termin- und Organisationsstruktur, Kommunikationsgeschick, gute Produkte, regelmäßige Schulungen und ein gut aufgebautes Prophylaxekonzept mit Recall-System.

Nach den Hinweisen und Fragestellungen in Kapitel „Die POS-Strategie“ kann man das gewünschte Praxiskonzept, das zu einem passt, langsam und systematisch entwickeln. Nehmen Sie sich dafür genügend Zeit und Ruhe in einer Umgebung, in der Sie sich wohlfühlen, um kreativ zu werden.

Praxiskostenstundensatz errechnen

Hier fließen sämtliche Aufwendungen und Kosten hinein, die in der Stunde erwirtschaftet werden müssen, und Achtung: Mit diesem Betrag ist dann noch kein Gewinn erzielt worden, sondern lediglich die Kosten abgedeckt. Den genauen Praxiskostenstundensatz lassen Sie sich am besten von ihrem Steuerberater errechnen, dann sollten Sie sicher sein, dass es passt.

Dies bedeutet insbesondere, dass die von Ihnen erbrachten Leistungen nicht unter diesem Satz liegen sollten. Und erst der entsprechende Aufschlag auf den Kostenstundensatz ist dann ihr Gewinn.

So merken Sie schnell, welche Leistungen neben der notwendigen Grundversorgung Sinn machen und wie hoch deren Preise sein müssen, welche Leistungen keinen Sinn machen und besser gar nicht angeboten werden sollten.

Als Fragen ergeben sich beispielsweise folgende Punkte:

- Welche Leistungen muss ich selber durchführen?
- Welche Leistungen kann ich delegieren und an wen?
- Welchen Honorarumsatz brauche ich pro Stunde, um zunächst kostendeckend zu sein?
- Wie hoch sollte der Anteil des Gewinns sein, der dementsprechend darüber hinausgeht?
- Wie viel Arbeitstage mit wie viel Arbeitsstunden habe ich real umgerechnet pro Tag, Woche bzw. Monat zur Verfügung?

Hier kann man dann im Notfall auch auf sinnvolle Partnerschaften zurückkommen.

Die richtige Personalauswahl als systematischer Prozess

Das Praxisteam stellt ebenfalls einen entscheidenden Erfolgsfaktor für jede Zahnarztpraxis dar, denn die Mitarbeiter sind für die Patienten ein sehr wichtiger Bezugspunkt und ein Bindeglied zu der Praxis insgesamt. So hat ja jeder Patient während des gesamten Praxisbesuches die überwiegende Zeit mit den Mitarbeitern zu tun. Doch die richtigen Mitarbeiter für seine Praxis zu finden ist nicht immer einfach, da mittlerweile in vielen Regionen Angebot und Nachfrage extrem auseinandergehen. Hohe Erwartungshaltungen, großes erwartetes Engagement, lange Arbeitszeiten und oftmals bescheidene Gehälter sorgen dabei sicher nicht immer für ein großes Angebot im Bereich Praxispersonal. Hat man dann endlich das Gefühl, eine Topkraft gefunden zu haben, dann ist es allzu oft schwierig sie auch langfristig zu binden. Denn gerade diese Mitarbeiter haben in der Regel auch eine Reihe anderer Möglichkeiten und Optionen auf dem Markt.

Deshalb muss es das Ziel sein, eine Reihe von Top-Mitarbeitern zu finden und sie insbesondere möglichst langfristig an die eigene Praxis zu binden. Dafür ist es aber wichtig sich zunächst bei der Personalauswahl wirklich Zeit zu nehmen, keine falschen Kompromisse einzugehen und auch in kritischen Phasen und Notsituationen in der Praxis kühlen Kopf zu bewahren, um somit keine vorschnellen und damit oft falschen Entscheidungen zu treffen.

Das sagt sich von außen und generell-theoretisch formuliert natürlich leicht, weil man dabei nicht diesen persönlichen und gerade auch emotionalen Druck hat. Es ist aber genau deswegen auch der einzig richtige Weg und soll dazu führen, mit Ruhe diese wichtige Sache einzugehen, weil man unter Druck in der Regel nicht die richtigen Entscheidungen trifft.

Deswegen sollte man in Notsituationen bei akuten Personalengpässen, wenn man momentan noch nicht die ideale Lösung in der Auswahl hat, zunächst die Strategie fahren, eine professionelle Übergangslösung zu suchen, um so den Druck herauszunehmen, um dann auf dieser Grundlage in Ruhe und gezielt die richtige Mitarbeiterin finden zu können. In diesen Fällen bietet sich der Kontakt zu freiberuflichen Kräften zur Unterstützung an. Sonst kann eine Personalsuche, wenn man sie nebenbei angeht, sicher schon mal mehrere Monate dauern. Diese freien Kräfte als Übergangslösung findet man entweder über verschiedene Internetportale oder auch über persönliche Kontakte.

Die eigentliche Bewerbersuche läuft dann parallel dazu in mehreren Schritten ab. Ein zentraler Aspekt ist die Erstellung eines genauen Anforderungsprofils der gewünschten Mitarbeiterin.

Vorbereitung des Bewerbungsprozesses

Hierbei sind folgende Fragen als Vorbereitung extrem wichtig:

- Was suche ich für eine Mitarbeiterin?
- Welche Eigenschaften sollte sie unbedingt besitzen?
- Welche Aufgabenbereiche soll sie in der Praxis übernehmen?
- Wie langfristig soll diese Personalentscheidung sein?
- Welche sozialen Kriterien bzw. Kompetenzen sind mir dabei wichtig?

Dabei ist es wichtig, sich auch einmal auf die sprichwörtlich andere Seite des Tisches zu setzen und sich selbst folgende Fragen zu stellen:

- Was können wir dieser potentiellen Mitarbeiterin überhaupt alles in unserer Praxis bieten?
- Was ist das Besondere an unserer Praxis?
- Warum sollte sie zu uns kommen?

Die Sichtung der Bewerbungsunterlagen

Nehmen Sie sich in Ruhe Zeit, die Bewerbungsunterlagen auch mehrfach anzuschauen und durchzulesen. Achten Sie dabei neben der Form und der Aufmachung auch auf den Inhalt: Welchen ersten Eindruck haben Sie von dieser Person? Vergleichen Sie die Unterlagen mit Ihrem vorab erstellten Anforderungsprofil und stellen Sie sich die Frage, inwieweit hier jeweils eine Übereinstimmung besteht und auch ob es offene oder unklare Punkte gibt.

Das Personalauswahlgespräch

Das Personalauswahlgespräch ist ein zentraler Bestandteil der erfolgreichen Auswahl. Planen Sie dieses Gespräch deshalb so ein, dass Sie entsprechende Zeit und Ruhe für diesem Termin haben.

Die Vorbereitung

Schreiben Sie sich einige Fragen vorab auf die Ihnen in jedem Fall wichtig sind und die Sie unbedingt stellen möchten. Dies sollten neben allgemeinen Aspekten auch Fragen sein, die sich aufgrund der Bewerbungsunterlagen ergeben haben.

Versuchen Sie in Ihrem Kopf das Bild klar zu fixieren, wie Ihre ideale Mitarbeiterin für diese Position sein sollte – ohne dabei eine gewisse Offenheit zu verlieren, um die Person vor Ihnen wirklich kennenlernen zu können.

Die richtige Vorgehensweise im Auswahlgespräch

Warm up – versuchen Sie eine möglichst lockere und angenehme Gesprächsatmosphäre zu schaffen, damit ihr Gegenüber schnell auftaut und Sie so die Chance haben, ihn oder sie möglichst realistisch kennenzulernen.

Beispiele für Fragen in einem Personalauswahlgespräch

- Was ist Ihnen bei Ihrer Arbeitsstelle besonders wichtig?

- Welche berufliche Ziele haben Sie für sich?
- Auf was kommt es Ihnen bei einer solchen Partnerschaft besonders an?
- Welche Aufgabengebiete mögen Sie besonders?
- Für welchen Zeitraum suchen Sie etwas?
- Was sehen Sie als ihre persönlichen Stärken an?

Treffen Sie Entscheidungen im Personalbereich nie spontan, sondern schlafen Sie immer noch einmal darüber. Sie gehen sicherlich mit einem bestimmten Gefühl aus diesem Gespräch heraus – aber warten Sie ab, wie sich dieses Gefühl gegenüber der jeweiligen Person am nächsten Morgen anfühlt: genauso wie nach dem Gespräch? Noch stärker? Oder ist es weniger geworden? Und warum?

Weitere Phasen

Probearbeiten vereinbaren

Sollte das Gefühl noch am nächsten Tag sehr positiv sein so empfiehlt es sich mit der Interessentin einen Termin zu einem ausführlichen Probearbeiten zu vereinbaren. Je länger das Probearbeiten geht, umso genauer können Sie diesen Menschen an verschiedenen Tagen in verschiedenen Situationen erleben, um sich so ein sehr genaues Bild von ihm zu machen. Übrigens hat der zukünftige Mitarbeiter dabei die entsprechende Chance, sich ein genaues Bild der Praxis zu verschaffen, was Sie ihm vorab auch ruhig so vermitteln sollten. Ideal wäre sicher ein Zeitraum von einer Woche. So ist für beide Seiten das Risiko, eine Fehlentscheidung zu treffen, deutlich geringer. Setzen Sie sich nach dem Probearbeiten nochmals kurz zusammen und tauschen Sie sich mit einem gegenseitigen Feedback möglichst offen aus.

Es empfiehlt sich, nach dem Probearbeiten ein bis zwei Tage das Ganze sacken zu lassen und auch nochmals mit den bisherigen Mitarbeitern der Praxis darüber zu sprechen, wie deren Eindruck von der potentiellen neuen Mitarbeiterin ausfällt.

Vertragsabschlüsse

Im nächsten Schritt geht es darum, wenn bis dahin alles positiv gelaufen ist, gemeinsam den Arbeitsvertrag abzuschließen. Auch hierbei ist es wichtig, eine gute Gesprächsatmosphäre zu bewahren, alle wichtigen Punkte genau anzusprechen und zu erklären. Hören Sie sich dabei aber auch die Meinung und die Wünsche Ihrer zukünftigen Mitarbeiterin genau an. Versuchen Sie, wenn möglich, einen guten Kompromiss für alle Seiten zu finden, wenn Sie auf eine langfristige Zusammenarbeit bauen wollen. Zeigen Sie dabei auch persönliche Entwicklungsperspektiven und Chancen für die Mitarbeiterin auf.

Fazit

Wenn die Personalauswahl so wie hier beschrieben abläuft, sollten Sie eine große Chance haben, einen wirklich guten Treffer zu landen, und nur so macht es wirklich Sinn. Machen Sie keine zu großen Kompromisse, weil Ihnen sonst Ihr Bauchgefühl Probleme bereiten wird. Treffen Sie möglichst niemals eine

Entscheidung aus Not und Angst heraus, beides sind keine guten Berater.

Lieber warten Sie noch etwas länger, auch wenn das bedeutet, eine etwas stressige Zeit zu durchstehen, als eine vermeintlich falsche Personalentscheidung zu treffen, die Sie viel Zeit und Nerven kostet. Manchmal braucht eine Entscheidung eben etwas länger, um wirklich gut zu sein.

Personalführung und -entwicklung

Nachdem Sie die richtigen Mitarbeiter für Ihre Praxis gefunden haben, muss nun das Ziel lauten, sie optimal einzusetzen und zu motivieren, und zwar nicht zuletzt, um sie langfristig an Ihre Praxis zu binden. Häufige Mitarbeiterwechsel in einer Zahnarztpraxis sorgen sonst für Unruhe, Stress und Hektik, die sich auch auf das Umfeld und die Patienten auswirken. Das wiederum kostet den Zahnarzt viel Zeit, Geld und nicht zuletzt Nerven.

Doch wie schafft man es nun, so eine positive Entwicklung in die Wege zu leiten? Man muss verstehen und erkennen, wie die Menschen ticken und was ihre Wünsche, Bedürfnisse und Motive sind. Um diese inneren Beweggründe herauszufinden, braucht man gerade zu Anfang etwas Zeit und Geduld. Wenn man aber diese Information einmal bekommen hat und man selbst ein wirklich ehrliches Interesse hat, motivierte Mitarbeiter in der Praxis zu haben, dann ist das ein ideales Werkzeug, um seine Ziele auch langfristig zu erreichen.

Merke: So individuell wie die Menschen sind, so individuell sind auch ihre Wünsche und Bedürfnisse. Team-Meetings, regelmäßige Einzelgespräche, aber auch einfach etwas Geduld helfen uns, dies regelmäßig zum Vorschein zu bringen.

Folgende Fragen helfen Ihnen im Einzelgespräch mit den Mitarbeitern dabei:

- Welche Ziele haben Sie mit uns als Praxis und als Inhaber gemeinsam?

- Was möchten Sie bei uns in der Praxis noch erreichen?
- Wo möchten Sie in zwei, drei und in fünf Jahren stehen?
- In welche Richtung möchten Sie sich eventuell noch weiterentwickeln?
- Was sind Sie bereit dafür einzusetzen?

Das sind nur einige der Fragen, die Ihnen und Ihren Mitarbeitern dabei helfen können, die Ziele und Wünsche herauszufinden.

Lob und Kritikgespräche

Regelmäßige Feedback-Gespräche – je nach Größe der Praxis zumindest mit den wichtigsten Mitarbeitern – helfen Ihnen dabei, zum einen die Ausrichtung der Unternehmung immer wieder klar aufzuzeigen und zum anderen frühzeitig Probleme oder Unzufriedenheit zu erkennen.

Halten Sie in einem Personalbogen die wichtigsten Punkte diese Gespräche fest, sodass Sie beim nächsten Mal wieder genau dort anknüpfen und eventuelle Veränderungen direkt erkennen können. Wichtig ist, dass neben Lob auch klare positive, also konstruktive Kritik dazugehört, wenn sie angebracht ist.

Beginnen Sie in diesen Feedbackgesprächen immer mit etwas Positivem, damit die Mitarbeiter sich nicht direkt zumachen und gegenüber der Diskussion verschließen. Lob und Kritik sollte ehrlich und zeitnah erfolgen, sodass die Mitarbeiter sie noch leicht den jeweiligen Aktionen und Kontexten zuordnen können. Diese Gespräche sollten auch immer konstruktiv sein, wenn Sie wirklich eine Veränderung erzielen wollen.

Halten Sie in Gesprächen dieser Art als Zusammenfassung immer klar fest, was bis wann zu machen ist und wer dabei was zu erledigen hat. Kommen Sie schließlich zu einem gemeinsam verabschiedeten Ergebnis.

Die Atmosphäre in der Praxis ist dabei und auch sonst ein wichtiger Schlüsselfaktor, wobei der Praxischef einen großen Anteil hat. Ist der Chef gut drauf, ist die generelle Stimmung meistens auch gut und die Mitarbeiter reflektieren es zurück, wodurch wiederum der Chef selbst zusätzlich motiviert wird.

Das Prinzip ist eigentlich einfach, seine Umsetzung fällt aber meistens deutlich schwieriger aus, weil natürlich gerade auf den Chef einer Praxis tagtäglich vieles zukommt, was er entscheiden, regeln und lösen muss. Dabei eine permanente Fröhlichkeit zu zeigen ist nicht immer einfach, insbesondere dann nicht, wenn neben der Praxis auch private Probleme der Beteiligten mit ins Spiel kommen.

Deswegen ist klar: Je mehr Sie mit sich selbst im Reinen sind und je höher ihre persönliche Zufriedenheit ausfällt, desto einfacher wird es sein, eine entspannte Chefrolle auszufüllen und entsprechend zu handeln.

Die Botschaft daraus lautet: Bringen Sie ihre eigene private Situation, falls da etwas im Argen liegen sollte, möglichst zügig ins Lot. Sie werden spüren, dass Sie so unglaublich viel Energie für ihre Rolle als Chef und Manager einer Zahnarztpraxis zur Verfügung haben werden.

Teamverantwortliche als direkte Ansprechpartner für die Mitarbeiter

Gerade in größeren Praxen macht es Sinn, in der Zwischenebene, also zwischen dem Chef und den Mitgliedern des Teams, noch sogenannte Teamverantwortliche einzusetzen. Die Praxismanagerin oder die Prophylaxeleitung kann den Chef einer Praxis in so einer Position deutlich unterstützen.

Dabei ist allerdings wichtig, dass diese verantwortlichen Personen sowohl die fachliche Kompetenz als auch die emotionalen und sozialen Kompetenzen haben, um diese Aufgaben auch auszuführen, und dass Sie Ihnen insbesondere die dafür nötigen Hilfsmittel als Führungskraft an die Hand geben. Sie erreichen damit zwei Dinge auf einmal: Sie werten eine gute und wichtige Mitarbeiterin weiter auf und binden Sie dadurch noch stärker an die Praxis. Zugleich schaffen Sie sich selbst weitere Freiräume und entlasten Ihren feststehenden Aufwand. Als Tipp dazu bietet es sich sehr an, diese Mitarbeiterin zu verschiedenen externen Coachings zu schicken, damit Sie sich in diesem Bereich auch gezielt weiterentwickeln kann.

Teammeetings als klare Info- und Navigationsmöglichkeit

Regelmäßige Teammeetings sorgen dafür, dass die Richtung für alle Mitarbeiter klar erkennbar ist und Probleme und Schwierigkeiten frühzeitig erkannt und gelöst werden können. Dazu ist es wichtig, dass diese Treffen regelmäßig stattfinden und fest etabliert sind. Dabei empfiehlt sich bei kleinen und mittleren Praxen ein Rhythmus von 8 bis 14 Tagen.

Das Meeting sollte am besten nicht länger als 60 bis 90 Minuten dauern, da sonst bei allen Beteiligten die Konzentrationsfähigkeit mehr oder weniger nachlässt und das Ergebnis nicht optimal sein wird. Auch ist es wichtig den richtigen Zeitpunkt für das Meeting zu finden. Hier haben sich beispielsweise die Abendzeiten nach dem Praxisbetrieb als relativ uneffektiv herausgestellt, weil einzelne Mitarbeiter dann schon kaputt und müde sind oder auch unter Zeitdruck stehen und mit ihren Gedanken schon bei ihren privaten Aufgaben und Plänen sind.

Der optimale Zeitpunkt ist deswegen sicher am Morgen. Um die Wichtigkeit des Meetings zu betonen, sollte es stattfinden, bevor der eigentliche Praxisbetrieb beginnt. Da sowohl die Mitarbeiter als auch der Praxischef davon profitieren sollten, bietet es sich an, die dafür eingesetzte Zeit zu teilen.

Als Beispiel für die Zeitplanung: Sollte das Meeting für 1 Stunde angesetzt werden, empfiehlt es sich eine halbe Stunde von der Praxiszeit abzugeben und die Mitarbeiter kommen an diesem Tag eine halbe Stunde früher. So haben beide Seiten etwas investiert und es ist eine Win-Win-Situation entstanden.

Für das Meeting selbst sollten ein kurzer Wochenausblick – Was steht diese Woche alles an, dass wichtig für die Praxis ist? – und ein kurzer Wochenrückblick – Wie war die letzte Woche? – feste Punkte sein. Darüber hinaus sollten konkrete Themen besprochen werden, die vorher gesammelt und aufgeschrieben werden. Wichtig dabei ist, dass hier nicht zu viele Themen in ein einzelnes Meeting gepackt werden, weil es sonst nicht effektiv ist und die Besprechungen der einzelnen Themen auch nicht zu einem sinnvollen, klaren Ergebnis kommen werden.

Ein Moderator oder eine Moderatorin aus der Praxis sollte das Meeting leiten. Im Anschluss daran wird ein kurzes Protokoll erstellt, das festhält, was besprochen wurde und welche Maßnahmen von wem bis zu welchen Zeitraum zu erledigen sind. Das Protokoll sollte zeitnah an alle Teilnehmer des Meetings ausgeteilt werden. So sind alle Mitarbeiter auf dem gleichen Stand und es können zeitnah Veränderungen besprochen und vor allem auch umgesetzt werden.

Zusätzlich bekommt der Praxischef ein Gespür dafür, wie die aktuelle Stimmungslage aussieht und wo die mehr oder weniger akuten Probleme in seiner Praxis zu finden sind.

Teamevents als Motivation und für den anhaltenden Spirit

Kleinere oder in einzelnen Fällen auch mal größere Events bringen frischen Wind ins Team und sorgen für neue Motivation in der Praxis. Ob es ein schönes lockeres gemeinsames Abendessen oder der gemeinsame Ausflug ist – eine solche Aktion hat etwas und schweißt das Team auch privat stärker zusammen. Achten Sie dabei darauf, dass Sie bei diesen Events nach Möglichkeit mit dabei sind, damit sich so nicht ein Team im Team bildet und der Chef außen vor bleibt. Wählen Sie bewusst Dinge aus, die auch Ihnen selbst Spaß machen und abwechslungsreich sind, damit hier von keiner Seite ein Zwang spürbar wird oder Langeweile aufkommt.

Zusätzlich empfiehlt sich in jedem Fall mindestens einmal pro Jahr ein Event mit einem psychologischen Hintergrund und einem externen Trainer zu machen, bei dem auf spielerische und lockere Art aktuelle Probleme in der Praxis bzw. innerhalb des Teams gelöst werden können. So werden Differenzen und Schwierigkeiten schnell gelöst und der Teamspirit wird weiter verbessert.

Zusammengefasst bedeutet dies, dass Sie sowohl finanziell als auch in puncto ihrer eigenen Freizeit als Praxischef etwas investieren, was dann aber auch besondere vorteilhafte Ergebnisse nach sich zieht.

Sorgen Sie auf diese Weise vor – alles unter der Voraussetzung, das richtige Team zu haben – und organisieren Sie geregelte Abläufe auch in diesem Bereich, dann wird sich zeigen, dass man es so gemeinsam viel leichter hat, die tagtäglichen Ziele auch zu erreichen.

Denke Sie in diesem Zusammenhang an ein Ruderboot mit 8 Personen und einem Steuermann. Nur wenn es dem Steuermann gelingt, alle 8 Personen in Einklang mit einem gemeinsamen Rhythmus zu bringen, wird sich das Boot schnell und erfolgreich bewegen. Der Steuermann allein kann dabei ohne die Verbindungen und Unterstützung seines Teams nicht erfolgreich sein, und so sieht es dann auch in einer Zahnarztpraxis aus.

Kommunikation in der Zahnarztpraxis

Die richtige Kommunikation der Zahnarztpraxis und ihrer Angebote stellt einen extrem großen Faktor im Erfolgskreislauf dieser Unternehmung dar. Dabei geht es zum einen um die Kommunikation innerhalb der Praxis und zum anderen um die Kommunikation außerhalb der Praxis. Wenn man näher auf die Bereiche eingeht, geht es unter anderem um die Kommunikation zwischen dem Zahnarzt und seinem Team sowie den Austausch der Praxis mit ihren Patienten. Dabei können und werden teilweise immer noch viele Fehler gemacht, die das Klima und das Image einer Praxis extrem beeinflussen können.

Interne Kommunikation

Hiermit sind alle Schritte gemeint, die innerhalb der Praxis stattfinden und deren Bild gegenüber den (potentiellen) Patienten prägen.

Gerade in einer Zahnarztpraxis, in die viele Menschen immer noch überwiegend mit Angst und Unwohlsein gehen, ist es äußerst wichtig durch eine schöne Optik, angenehme Farben und eine positiven Atmosphäre, aber auch mit entspannter Kommunikation die Basis dafür zu schaffen, dass den Patienten diese Ängste möglichst genommen werden, um ihnen so ein gutes Gefühl zu geben.

Die Optik und Gestaltung einer Zahnarztpraxis

Gelungene Architektur als Grundlage

Die Architektur und Gestaltung der Praxis können, gepaart mit einer entsprechenden Farbauswahl, entscheidend dabei helfen, den Patienten von Anfang an in der Praxis ein positives Gefühl zu geben.

Schöne leichte Formen, gelungene modern anmutende optische Elemente helfen den Patienten, den ersten Eindruck so entspannt wie möglich zu erleben und vielleicht sogar zu genießen. Dabei spielt die entsprechende Farbwahl auch eine besondere Rolle.

Dass Farben Stimmungen und Gefühle erzeugen, weiß man schon seit sehr langer Zeit. Heute nutzt man dieses Wissen in vielen Bereichen, um Menschen so eine positive Atmosphäre und Stimmung zu vermitteln. Die Kraft der Farben und deren Wirkung wird in der Farbpsychologie immer wieder betont. Farben haben diesbezüglich unterschiedliche Wirkungen auf den Körper und die Psyche. Doch welche Farben haben welche Wirkungen?

Die Eigenschaften der wichtigsten Farben im Überblick

- Rot: aktiviert und erwärmt, regt als Signalfarbe Kreislauf und Immunsystem an. Es sollte aber leider wegen seiner Verbindung zu Blut im Gesundheitsbereich – wenn überhaupt – nur sehr dezent verwendet werden.

- Orange: steht für Optimismus und Lebensfreude sowie Aufgeschlossenheit, Kontaktfreude und Selbstvertrauen. Das ist auch die perfekte Farbe für geschlossene Räume ohne Fenster.
- Gelb: ist die Farbe der Sonne und steht für Licht und Freude. Es steht auch für Vernunft, Wissen und Logik. Gelb strahlt auch besondere Lebensfreude und Selbstbewusstsein aus und wirkt gesundheitsfördernd.
- Grün: steht als Farbe für die gedeihende Natur. Grüne Elemente und Flächen beruhigen, harmonisieren und stehen sinnbildlich für Sicherheit und Hoffnung. In Räumen sorgt Grün für Ruhe, Sicherheit und Kreativität.
- Blau: Die Farbe des Himmels steht für Ruhe, Vertrauen und Sehnsucht. Kleine Räume wirken durch einen blauen Anstrich größer. Blau wird dementsprechend gerne in Räumen verwendet, die eine gewisse Entspannung vermitteln sollen.
- Cyan/Türkis: ist eine kühle und frische Farbe und vermittelt geistige Offenheit und Freiheit. Türkis ist immer etwas Besonderes und wirkt extravagant. Räume mit dieser Farbe wirken kühl, aber zugleich auch persönlich.
- Purpur/Violett: ist eine Farbe der Inspiration und unterstützt die Konzentration und das Selbstvertrauen und wirkt beruhigend.
- Magenta/Pink/Rosa: sind sanfte Farben, die in der Natur für Freude sorgen. Sie verkörpern Idealismus, Ordnung und Mitgefühl.

- Weiß: das Symbol schlichthin von Reinheit, Klarheit und Unschuld. Es ist eine magische Farbe, die für jede andere Farbe eingesetzt werden kann, da ihr Lichtspektrum im Grunde alle anderen Farben enthält. Weiß neutralisiert, hellt auf und belebt. Ein klares Weiß wirkt elegant und eignet sich als neutraler Partner im Zusammenhang mit vielen anderen Farben.
- Schwarz: die Farbe der Dunkelheit kann edel und feierlich wirken. Gerade großflächig auf Wänden kann Schwarz aber auch leicht düster und schwer wirken.
- Gold: das Edelmetall wird häufig mit der Sonne in Verbindung gebracht und steht für Macht und Reichtum. Gold gibt Kraft und Inspiration und steht auch für Treue, Freundschaft, Wahrheit und Hilfsbereitschaft.
- Silber: die helle Schwester des Goldes wirkt reinigend und harmonisierend. Silber fördert die Kommunikation und steht für Höflichkeit, Klugheit, Selbstständigkeit, Sicherheit und Genauigkeit. Silber ist die Farbe des Modernen.

Fazit: Es empfiehlt sich in der Zahnarztpraxis besonders auf Farben zu setzen, die ihren Patienten das Gefühl von Ruhe, Sicherheit und Entspannung geben.

Stellen Sie sich zu diesem Theme für Ihre Praxis folgende Fragen:

- Welche Stimmungen nehme ich in meiner Praxis war?
- Wie wirkt der erste optische Eindruck aus Sicht eines kritischen und ängstlichen Patienten?

- Ist eine klare Gestaltungslinie in meiner Praxis erkennbar?
- Welche Farben dominieren meine Praxis aktuell und welche Wirkungen haben sie?
- Welche Farben sollten dieser Analyse entsprechend stärker in meiner Praxis vorhanden sein?
- Welche Wirkungen könnte ich dadurch erzielen?

Der Geruch einer Praxis

Das Thema Duft und Gerüche in einer Zahnarztpraxis ist immer noch ein starker Stimmungskiller. Man riecht noch sehr oft diesen typisch beißenden Geruch nach Hygieneprodukten in den Praxen, und zwar auch über größere Entfernungen von den Behandlungsräumen. Der Patient verbindet demgemäß diesen Geruch – bewusst oder unbewusst – oftmals mit unguten Gefühlen und Ängsten. Dabei wird dann über den Geruch ein Gefühl im Kopf ausgelöst, aus dem dann negative Gedanken entstehen.

Es gibt heutzutage viele Möglichkeiten, wie man diese unangenehmen Gerüche aus der Praxis bekommen kann. Man bekommt mit wenig Aufwand eine schnelle und effektive Lösung, die sofort eine Verbesserung schafft. Kleine elektronische Duftsäulen und einfache Duftschalen mit ätherischen Ölen helfen dabei, das Klima schnell zu verbessern. Luftbefeuchter sind zudem auch zum Ausgleich von trockener und staubiger Luft geeignet, insbesondere während der Heizungsperiode.

Merke: Wenn Menschen sich in bestimmten Umgebungen wohlfühlen, dann übertragen sie dieses Gefühl auch auf die Personen, die sie in diesen Umgebungen antreffen, sowie die Leistungen, die dort angeboten werden. So entsteht bei den richtigen Umständen und Vorbereitungen ein nachhaltiger positiver Kreislauf. Umgekehrt funktioniert dieses Prinzip aber leider genauso und dann geht das Ganze zyklisch in eine negative Richtung.

Deswegen mein Tipp: Schaffen Sie für Ihre Patienten eine positive Umgebung und Sie werden es sich viel leichter in der Zusammenarbeit mit Ihnen machen.

Der Umgang mit den Patienten

Wir sollten uns immer wieder bewusst machen, dass die meisten Menschen immer noch sehr ungern zum Zahnarzt gehen und deshalb neben mehr oder weniger konkreter Angst damit auch andere negative Gefühle in Verbindung bringen. Der Zahnarzt ist leider immer noch einer der unbeliebtesten Ärzte überhaupt, zu dem man hingeht – und diese generelle Einstellung wird sich auch so schnell nicht ändern, egal wie sehr wir uns bemühen.

Aus diesem Grunde ist es aber sehr wichtig und zugleich auch machbar, jedem Patienten grundsätzlich erst einmal ein positives Gefühl in Verbindung mit dem Thema Zahnarztpraxis zu vermitteln. Positiv eingestellte Mitarbeiter mit sympathischer Ausstrahlung, Einfühlungsvermögen und viel Empathie helfen dabei das Eis zu brechen. Sie machen aus dem doch oft technisch und kalt wirkenden Reparaturbetrieb Zahnarztpraxis gemeinsam mit einigen anderen Punkten so langsam eine Art Wohlfühloase.

Eine freundliche Begrüßung in einer ruhigen entspannten Atmosphäre ohne Hektik ist hier ein erstes Zauberwort. Doch dies ist in einem stressigen Tagesgeschäft nicht wirklich leicht, deswegen sollte neben einem freundlichen und motiviertem Mitarbeiterteam auch ein gutaufgebautes Termin- und Organisationsmanagement zum Einsatz kommen.

Sie sollten keine Massen von Menschen tagtäglich durch ihre Praxis jagen, sondern schauen, dass Sie mit einer vernünftigen Anzahl von Patienten ein gutes Terminsystem etablieren und aufrechterhalten können. Damit können Sie eine optimale Basis schaffen, damit sich Ihre Patienten bei Ihnen nicht am Flughafen vorkommen, sondern sich wirklich wohlfühlen können. Im Gespräch an sich sollte Wert auf persönliche Akzente gelegt werden: Gerade auch die eigentlich simple Ansprache mit Namen und der kleine ehrliche Smalltalk verbessern darüber hinaus die Stimmung weiter, sodass sich ihre Patienten von vornherein (oder auch von klein auf) gut angekommen fühlen, was dann die perfekte Basis für den weiteren Praxisaufenthalt ist.

Der Grat ist allerdings sehr schmal und sehr bedeutend: Kommt der Patient in Ihrer Praxis mit einem positiven Gefühl an, hat die Praxis erst einmal einen ordentlichen Bonus und es kann schon einiges passieren, um ihn von seiner positiven Schiene wieder herunterzuholen. Umgekehrt kann die Situation fatal werden, wenn Patienten sich unwohl und verunsichert fühlen, und es bedarf riesiger Kraftanstrengung, um das Ganze wieder in die richtige Richtung zu bringen.

Sind Menschen auf einer positiven Schiene, nehmen sie ihr Umfeld ganz anders und weniger kritisch war. Es sind also manchmal gerade die kleinen und rein kommunikativen Dinge, die eine große Wirkung haben und uns in einem positiven Umfeld die Zusammenarbeit mit dem jeweiligen Patienten deutlich erleichtern können.

Auch gerade im späteren Behandlungsbereich hilft eine offene Kommunikation, egal ob mit Neupatienten oder Etablierten enorm. Dabei ergeben sich Fragen wie die folgenden:

- Was ist Ihnen in unserer Praxis wichtig?
- Auf was legen Sie besonderen Wert?
- Welche Informationen hätten Sie denn gerne von uns?
- Was interessiert Sie zu ihrer persönlichen Zahnsituation besonders?
- Was wünschen Sie sich von uns als Praxis?

Das sind nur ein paar Beispiele für Fragen, die uns mehr Einblick und weitere Informationen über unsere Patienten bringen.

Auch die Verabschiedung ist ein wichtiges Ritual, auf das Patenten großen Wert legen – oft natürlich nur unbewusst, aber gerade das kann ihnen ein gutes Gefühl geben. Die persönliche Ansprache mit Namen und eine kurze Zusammenfassung des Erlebten sowie die Aussicht auf den nächsten Termin schaffen in diesem Rahmen eine gute Basis.

Ein gutes Terminsystem mit überschaubaren Wartezeiten hilft allen Beteiligten bei diesem Unterfangen. Deswegen sollten auch spezielle Blöcke für Schmerzpatienten eingebaut werden, damit die Planung an manchen Tagen nicht aus den Fugen gerät.

Informationsmedien für Patienten über die Praxis

Es gibt viele Möglichkeiten, Patienten über die Praxis und die ganzen Besonderheiten, die Sie ihnen bieten, zu informieren. Gerade in der heutigen Zeit hilft das, die Patienten wissen zu lassen, was ihnen in Ihrer Praxis überhaupt alles angeboten werden kann. So können sie auch den Stellenwert und das Know-how ihrer Praxis ganz anders wahrnehmen.

Die nachfolgend beschriebenen Maßnahmen bieten sich dazu an. Corporate Identity heißt hier das Zauberwort – diese gestaltbare Unternehmensidentität gibt dem Patienten die emotionale Sicherheit, dass er in der Praxis gut aufgehoben ist. Mit den gleichen Formen und Farben weist die Praxis dabei in den unterschiedlichen Bereichen eine einheitliche Außendarstellung auf.

Praxisbroschüre als Information für die Patienten

Nachdem man von einem Fachmann ein eigenes, ganz spezielles Praxislogo für sich hat entwickeln lassen, sollte man daran gehen, eine Broschüre in einem schönen Layout mit gutem Aufbau in einem praktischen Format und in guter Papierqualität aufzulegen. Damit lassen sich den aktuellen und potentiellen

Patienten mithilfe von Emotionen die wichtigsten Informationen zur Praxis schon einmal etwas näher bringen. Schöne Bilder und Farben, die zur Gestaltung der Praxis passen und damit auch die Wiedererkennung gewährleisten, sorgen im Zusammenhang mit einfachen, leicht zu lesenden Texten dafür, dass der Patient sich nicht langweilt und die Bindung zu Ihrer Praxis erhöht wird. Achten Sie auch hier darauf, dass beim Text manchmal weniger mehr ist. Neben einer kurzen Ansprache des Zahnarztes sollten das Team und das Leistungsspektrum der Praxis aufgezeigt werden. Zum Schluss werden noch Dinge wie Sprechzeiten, Anfahrt und Serviceleistungen thematisiert.

Die Gestaltungslinie sollte dann einmal richtig gemacht werden und auch auf den Anamnesebogen, den Briefbogen, Terminblock, Kurzmitteilungen und Visitenkarten angewendet werden. Das sollte einmal richtig ordentlich gemacht werden, da es heute kein großer Kostenblock mehr ist. Das beruhigt den Patienten und signalisiert ihm, dass er sich in einer modernen und professionellen Praxis befindet.

Praxis TV

Da die Patienten in der Regel auch einen gewissen Zeitraum im Wartezimmer verbringen, ist auch dieses Medium zur Kommunikation mit den Patienten zu nutzen. Hier sollten neben entspannten und schönen emotionalen Bildern, die den Patienten etwas den Druck und die Anspannung nehmen, auch durchaus die Praxis mit ihren Besonderheiten einmal kurz ansprechend vorgestellt werden.

Internet

Eigentlich müssten wir heute über Internet als eins der grundsätzlichen Medien normalerweise gar nicht mehr sprechen, aber die Zahlen zeigen, dass immer noch eine ganze Menge von Zahnarztpraxen keinen eigenen Internetauftritt haben – und das, obwohl immer mehr Patienten entweder bereits ihren Zahnarzt über das Internet suchen oder zumindest, nachdem sie sich für eine Praxis entschieden haben, sie schon einmal vorab im Netz anschauen und ein Stück weit kennen lernen möchten.

Egal, wie man es dreht: Das Internet ist heute eine wichtige Basis für Informationen und öffentliche Präsenz. Doch dabei ist von großer Bedeutung, wie ihr Auftritt im Netz aufgebaut ist. Das ist der erste, mehr oder weniger große Eindruck, den Sie Ihren Patienten geben, bevor diese ihre Praxis betreten haben. Deswegen sollte dieser so wichtige erste Eindruck sitzen.

Auch hier geht es in erster Linie darum, Ihre zukünftigen Patienten emotional zu gewinnen. Vermeiden Sie deswegen übermäßig lange Texte, die ohnehin niemand liest. Eine schöne positive Aufmachung mit tollen Farben, die wieder ins gesamte Farbkonzept der Praxis passen, lassen den Webauftritt rund aussehen und gelungen wirken. Im Idealfall sollte es der gleiche Gestalter machen, der auch das Logo, die Broschüre etc. entwickelt hat, sodass man sieht, dass alles aus einer Linie stammt und insgesamt eine gewisse Ruhe ausstrahlt. Neben einer sympathischen Begrüßung und Ansprache sollten die Philosophie der Praxis, die Schwerpunkte der Behandlung sowie das Team im Vordergrund stehen. Serviceleistungen und die Anfahrt runden das Bild dann ab.

Entscheidend ist aber auch, dass der Auftritt authentisch und realistisch wirkt, also so, wie die Praxis sich tatsächlich auch „im echten Leben“ darstellt, sonst wird hier eine Erwartungshaltung geweckt, die später nicht erfüllt werden kann, was dann eher negativ wirkt.

Der Patient sollte aber auch vom ersten Auftritt interessiert und neugierig gemacht werden, dann ist die Aufgabe optimal erfüllt worden.

Facebook und andere Social Media

Auch für diese Medien macht es Sinn, sie für sich im Rahmen der jeweiligen rechtlichen Möglichkeiten zu nutzen, den Sie auch hierzu einmal vorab prüfen lassen sollten. Mit diesem Medium sprechen Sie natürlich insbesondere die jüngeren Generationen von Patienten an. Dementsprechend locker sollte die Ansprache sein und Themen gewählt werden, die zu diesen Patientengruppen besonders passen.

Zusammengefasst zeigt dieses Kapitel ganz eindeutig, welche große Rolle die Kommunikation in allen Bereichen der Praxis spielt und wie groß ihr Einfluss auf die Gefühlsebene der Patienten und der Mitarbeiter ist.

Presse- und Öffentlichkeitsarbeit für die Zahnarztpraxis

Welcher Zahnarzt wünscht sich nicht regelmäßig neue interessante Patienten zu gewinnen und gute Patienten langfristig an die Praxis zu binden? Doch dies ist leichter gesagt als getan bei den vielen Zahnarztpraxen, die den Patienten in der Regel nahe an ihrem Standort zur Auswahl stehen. Um dieses Ziel zu erreichen, muss die Zahnarztpraxis über ein besonderes Image und einen hohen Bekanntheitsgrad verfügen und dafür regelmäßig positiv im Gespräch bei den Menschen sein.

Neue Patienten zu gewinnen und bisherige Patienten zu binden, ist einer der zentralen Aufgabenbereiche der Presse- und Öffentlichkeitsarbeit und dazu gibt es auch für kleinere Praxen viele interessante Möglichkeiten und Chancen.

Die Praxis muss von den Menschen, die am besten zu ihr passen, in regelmäßigen Abständen positiv wahrgenommen werden, was den Bekanntheitsgrad und das Image der Praxis dementsprechend positiv beeinflussen wird. Es gibt dazu eine Reihe von Möglichkeiten, an die sogenannten idealen Patienten (die Hauptzielgruppe) heranzukommen, um sie dann von den Möglichkeiten und Leistungen der Praxis überzeugen zu können. Zusätzlich erreicht man durch gute Presse- und Öffentlichkeitsarbeit auch, dass die bisherigen Patienten noch intensiver an die Praxis gebunden werden.

Wichtig dafür ist, dass die Praxis erst einmal selbst über ein klares eigenes Profil verfügen muss, damit sie von den Medien überhaupt als Partner auf Augenhöhe wahrgenommen wird.

Für die Umsetzung und den Aufbau eines klaren PR-Konzeptes empfiehlt es sich wiederum, einen Spezialisten mit ins Boot zu nehmen, der Ihnen dabei hilft dieses Konzept zu entwickeln und der die Wege der Umsetzung ebnen kann. Er hilft Ihnen so langfristig viel Zeit und auch Kosten zu sparen.

Folgende Möglichkeiten bieten sich an, damit die Praxis in der Öffentlichkeit stärker wahrgenommen wird.

Onlinemarketing

Mit Onlinemarketing kann man heute auf verschiedenen Wegen und Kanälen gezielt regelmäßig neue Patienten für die Praxis gewinnen, die zum gewünschten Leistungsspektrum passen.

Patientenveranstaltungen

Hier kann sich die Praxis gezielt mit der Vorstellung und Erläuterung von besonderen Behandlungsschwerpunkten gegenüber etablierten und potentiellen Patienten als Spezialist in den entsprechenden Fachbereichen positionieren. Achten Sie bitte darauf, sich wirklich nur in denjenigen Bereichen als Spezialist zu positionieren, in denen Sie auch wirklich eine sehr hohe Fachkompetenz besitzen – sonst geht der Schuss nach hinten los. Dabei empfiehlt es sich zudem, nur bedingt einzelne eigene Informationsveranstaltungen über die Praxis zu machen. Besser ist es sich als neutral-objektiver Referent bei gezielten Themenveranstaltungen buchen zu lassen und auf indirekte Effekte von Bekanntheit und Imageaufbau zu setzen.

Charity

Die eigene Praxis auch im Bereich der Unterstützung von Hilfsbedürftigen darzustellen, ist sicher nicht verkehrt. Die grundsätzliche Voraussetzung dafür ist, dass es Ihnen auch wirklich um eine ehrliche Herzensangelegenheit geht und es nicht nur um reine Marketingzwecke geht. Sonst wird schnell vermutet, dass Sie dies nur wegen der Werbeeffekte für die Praxis tun und dann wirkt es eher negativ.

Fachartikel in der zahnmedizinischen Presse

Hierbei geht es weniger um den direkten Patientenkontakt, auch wenn der fertige Artikel dann auch in der eigenen Praxis ausgehängt werden kann. Es geht vielmehr darum, als zahnärztlicher Fachmann die ersten Hürden zu nehmen und anerkannt zu werden, um dann im zweiten Schritt auch interessant für die Berichterstattung der „normalen" Medien für Patienten zu sein.

Artikel zu bestimmten zahnmedizinischen Themen in Tageszeitungen

Wenn in der Tageszeitung eine Serie von Artikeln zu medizinischen oder natürlich auch zahnmedizinischen Fachthemen stattfindet, erfährt das in der Regel besondere Beachtung der Leser. Wenn der Zahnarzt dann als Autor eines Fachartikels auftaucht – immer unter der Voraussetzung, dass der Artikel kompetent und leicht verständlich geschrieben ist –, dann wird sein Name besonders wahrgenommen. So suchen auch schon einmal deswegen potentielle Patienten die Praxis im Internet auf und schauen sich die Homepage an.

Lesertelefon

Die Kombination eines Artikels zu einem bestimmten Fachthema mit der Möglichkeit, dass die Zeitungsleser Sie zu einem bestimmten Zeitpunkt in der Redaktion persönlich kontaktieren können, um ihre individuellen Fragen stellen zu können – das ist eine besonders interessante Kombination der Presse- und Öffentlichkeitsarbeit. Auf diese Weise taucht man nicht nur mehrfach mit Namen in den einzelnen Medienbereichen auf, sondern kann auch direkt und sehr schnell als Spezialist entsprechende Anerkennung erhalten.

Radiosendungen

In speziellen Radiosendungen als Zahnarzt zu bestimmten zahnmedizinischen Themen, die Sie fachlich perfekt beherrschen, aufzutreten und vom Moderator dazu ausgiebig befragt zu werden – das erhöht nicht nur Ihren generellen Bekanntheitsgrad, sondern auch Ihr öffentliches Image als Spezialist für diesen Bereich.

Fernsehsendungen

Auftritte im Fernsehen als Spezialist für bestimmte zahnmedizinische Themen sind natürlich eine Krönung. Die Möglichkeit dazu wird sich aber zum einen erst durch einen systematischen Image- und Bekanntheitsaufbau in den einzelnen anderen Bereiche ergeben. Zum anderen kann so etwa auch nur

Sinn machen, wenn man wirklich über ein fernsehtaugliches Profil und Auftreten verfügt und auch wirklich etwas zu sagen hat.

Es gibt hier nicht einen einzigen Bereich oder eine wahre Lösung, sondern es ist sinnvoll immer einen Mix von mehreren dieser Einzelmaßnahmen durchzuführen.

Wichtig ist bei allem, dass die einzelnen Punkte systematisch aufeinander aufbauen, dass sie das gleiche Ziel verfolgen und eine gewisse Regelmäßigkeit enthalten. Dabei müssen natürlich immer vorab die rechtlichen Möglichkeiten der jeweiligen Region genau geprüft werden.

Die optimale Praxisübergabe

Die Praxisübergabe ist ein Prozess, der nach Jahren der selbständigen Praxistätigkeit irgendwann bei jedem bevorsteht. Eine ganze Reihe von Praxisinhabern planen diesen Schritt lange im Voraus, auch gerade, weil die daraus resultierenden Einnahmen als wichtiger Teil ihrer Altersvorsorge gesehen werden.

Damit dies später nicht zum Flopp wird, müssen viele Dinge bereits frühzeitig im Vorfeld berücksichtigt werden. Doch Achtung: Wenn Sie als Zahnarzt mit 50 die Praxis bzw. deren Weiterentwicklung schon langsam gedanklich abgeschlossen haben, wenn Sie also nicht mehr innovativ sind und keine Veränderungen und Investitionen mehr angehen, dann kann das fatale Folgen für die spätere Abgabe haben.

Zunächst geht es darum, die Basis für eine erfolgreiche Praxisübernahme zu schaffen, und die fängt mit einem ersten Schritt schon knapp 10 Jahre vor dem anvisierten Abgabetermin der Praxis an. Hier geht es um das Objekt und den dazugehörigen Mietvertrag – ein Bereich, der leider meistens erst ganz zum Schluss berücksichtigt wird und dann kann es oftmals zu spät sein.

Folgende generelle Erklärung dazu: In fast allen Fällen werden die Mietverträge über einen langen Praxiszeitraum abgeschlossen. Das heißt konkret, in vielen Fällen sind die Mietverträge bei der Praxisgründung über 10 Jahre fest plus 4 Optionen über 5 Jahre abgeschlossen worden. Damit ist der Zahnarzt zunächst über seine gesamte Praxistätigkeit mit einem einzelnen

Objekt komplett abgedeckt, im Idealfall einfach mit wiederholt genutzten Optionen. Aber was kommt danach?

Hier geht man manchmal wie selbstverständlich etwas blauäugig davon aus, dass es nach so langer Zeit automatisch kein Problem sein wird, eine weitere, zusätzliche Verlängerung für den neuen Kollegen zu erhalten, der die Praxis übernehmen und zukünftig gestalten soll. Doch der Schein trügt manchmal: Der Vermieter hat vielleicht vor sein Objekt zu verkaufen oder hat schon andere Pläne, wenn der wie oben dargestellte Mietvertrag des alten Zahnarztes zu Ende geht.

Wenn Sie dieses Thema dann erst zwei Jahre vor der Übergabe angehen und es kommt zu einer entsprechenden Aussage bzw. Entscheidung des Vermieters, dann haben Sie ein richtiges massives Problem: In solch einem Fall haben Sie nur Karteikarten und Mobiliar zu bieten, nicht die entsprechenden Räumlichkeiten und die Ortslage, die Sie dem neuen Kollegen dann übergeben können. Das macht dann alles in allem eine vernünftige Übernahme zu einem repräsentativen Preis fast unmöglich für Sie.

Deswegen sollte die Frage der Räumlichkeiten wirklich schon 10 Jahre vor der geplanten Abgabe angegangen werden, um so festzustellen, ob eine Verlängerung für den neuen Kollegen später möglich ist oder nicht. Diese langfristige Planung kann auch manchen Vermieter überzeugen bzw. davon abbringen, Alternativen seinerseits zu planen. Falls die Reaktion zur weiteren Führung der Praxis positiv ausfällt, empfiehlt es sich, möglichst früh weitere Optionen schriftlich in den aktuellen

Mietvertrag mit aufnehmen zu lassen, denn nur so können Sie sicher sein, dass es funktionieren wird.

Sollte dagegen bei so einer Nachfrage 10 Jahre vor dem voraussichtlichen Ende der Praxistätigkeit eine negative Antwort zu einer späteren Verlängerung kommen, ist dies dann auch kein Beinbruch: Denn so wissen wir frühzeitig Bescheid und können entsprechend darauf reagieren können. In diesem Fall empfiehlt es sich in Ruhe nach neuen Räumlichkeiten zu suchen und nochmals einen Umzug zu planen. Diese neuen Räumlichkeiten lassen sich dann wiederum langfristig mit entsprechenden Optionen sichern. Dies hat manchmal auch den Charme, dass man die Praxis nochmal auf den neuen Stand bringen kann und beispielsweise Optimierungen bei der Raumgestaltung vornehmen kann.

Desweiteren ist es wichtig – ganz unabhängig von der Mietsituation der Räumlichkeiten – die Praxis sowohl fachlich als auch optisch auf einem modernen Stand zu halten.

Bleiben Sie innovativ und investieren Sie regelmäßig in das eine oder andere Element ihrer Praxis, denn nur so halten Sie die Praxis insgesamt auf einem guten Level und haben später die Chance, einen guten Nachfolger zu vernünftigen Konditionen zu bekommen.

Es wird dabei immer darauf geachtet, in welchem Zustand die Praxis bei der Übergabe ist und wie der Altersdurchschnitt oder besser noch die Altersverteilung der aktuellen Patienten ist. Falls jahrelang nichts mehr gemacht wurde, wird die Klientel zum größten Teil dem Alter des abgebenden Zahnarztes entsprechen und kaum jüngere Patienten unter den Stammkunden sein. Solch eine Praxis ist für viele jüngere Kollegen uninteressant, weil selbst bei funktionalen und annähernd neu renovierten Räumlichkeiten zu viel Aufwand und Beträge investiert werden müssten, was sich meistens dann nicht rechnet.

Sie sollten in jedem Fall spätestens 3 Jahre vor dem eigentlichen Übergabedatum mit der aktiven Suche nach einem geeigneten Nachfolger beginnen, damit Sie genügend Zeit haben, in Ruhe jemand zu finden und die Übergabe erfolgreich zu gestalten. Im Idealfall sollte der auserwählte Kollege noch ein bis zwei Jahre mit Ihnen gemeinsam in der Praxis arbeiten, bevor er sie dann übernimmt und alleine weiterführt. Das ist sowohl für Ihre Patienten ein schöner und sanfter Übergang als auch für den Nachfolger ein sanfter Einstieg, um in der Praxis gut und sicher anzukommen.

Doch, Achtung: Legen Sie in der Phase der Auswahl der potentiellen Kandidaten Wert darauf, dass die Information, dass Sie ihre Praxis abgeben wollen, nur sehr gezielt und geprüft rausgeht. Zum einen kann es sonst zu einer großen Unsicherheit unter Ihren Patienten kommen, zum anderen kann das auch unter Umständen zu einem großen Wanderzirkus von potentiellen Interessenten führen – und das ist neben der Unruhe und dem unnötigen Aufwand ihrerseits beides weder für den Preis noch für das Image der Praxis gut. Je weniger Leute Sie darüber informieren, dass Sie ihre Praxis zu einem bestimmten Zeitpunkt abgeben wollen, umso besser ist es.

Holen Sie sich am besten einen Profi dazu, den Sie für geeignet halten und der diesen Weg gezielt und sehr diskret mit Ihnen gemeinsam gehen wird.

Hier unser generelles Fazit zu dieser Thematik: Wenn Sie den Verkauf ihrer Praxis als Teil ihrer Altersversorgung geplant haben, dann müssen Sie, um später einen guten, realistischen Betrag zu erhalten, die Praxis permanent weiterentwickeln und innovativ halten. Dies trifft sowohl auf die fachlichen als auch die optischen Aspekte und Ausstattungsgegenstände zu. Die Praxis soll sich auf einem wirklich modernen Stand präsentieren und auf diese Weise auch regelmäßig neue und gerade auch junge Patienten für die Praxis gewinnen.

Und nach guter Vorauswahl können Sie sich dann für einen guten Kandidaten entscheiden, der optimal zu dieser Praxis passt. Denn Sie sind es nicht zuletzt auch ihren Patienten und Mitarbeitern schuldig, die Ihnen die Treue gehalten haben, einen guten Nachfolger zu finden.

Ausgewählte Praxisbeispiele

Bei den nachfolgend beschriebenen Fällen sehen Sie exemplarisch, mit welchen Problemstellungen Zahnarztpraxen in der heutigen Zeit zu kämpfen haben und welche Möglichkeiten es gibt, von der jeweiligen Ausgangssituation zur Lösung eines Problems zu kommen. Die aufgeführten Fälle sind nur exemplarische Darstellungen, ausgewählt unter unseren vielen Beratungskunden, die wir als Agentur in den letzten Jahren begleiten durften.

Praxisbeispiel 1

Eine Zahnarztpraxis aus dem Raum Hannover kontaktierte uns im Sommer 2015, weil sie von einem Kollegen gehört hatte, der schon längere Zeit mit unserer Agentur zusammenarbeitete.

Die Praxis liegt in einem Wohngebiet, hat knapp 100 qm Grundfläche und zwei Mitarbeiter, wobei eine Mitarbeiterin eine ausgebildete Prophylaxekraft ist.

Als Problem gab die Praxis an, dass seit 1,5 Jahren ein stärkerer Patientenrückgang festzustellen ist und daraus resultierend auch ein deutlicher Umsatzrückgang. Die Ursache dafür war für den Zahnarzt allerdings nicht greifbar, weswegen er sich unsere Hilfe von außen holen wollte.

Nach einer ausführlichen Datenaufnahme mit Besuch vor Ort und einer Analyse inklusive entsprechender Befragungen von Team und Patienten ließen sich mehrere Problembereiche ermitteln. Zum einen schien die Praxis für die Patienten nicht mehr attraktiv genug zu sein, weil in den letzten Jahren so gut wie keine Veränderungen in puncto Optik der Praxis, aber auch hinsichtlich Fortbildung, Innovation und Weiterentwicklung vorgenommen wurden. Oftmals sehen Zahnärzte diese Punkte aus ihrer eigenen Sicht als nicht so dramatisch an, während sie für viele Patienten wichtige Indikator sein können, bewusst oder unbewusst. Wenn wir unsere Patienten besser verstehen und erkennen wollen, dann müssen wir auch lernen zu verstehen, wie sie „ticken", wie sie also denken und fühlen. Wenn wir das schaffen, dann sind wir wirklich ganz nah mit unserer Kundenzielgruppe verbunden.

Zurück zu unserem Beispiel: Desweiteren wurde auf Basis der zunächst gewonnenen Kenntnisse eine weitere ausführliche Patientenbefragung durchgeführt, um herauszufinden, wie stark dieser Faktor die aktuelle Situation tatsächlich beeinflusst.

Nach intensiver Befragung und anschließender Auswertung bestätigte sich dieser Punkt weiter. Also war nun schon mal ein Indikator gefunden, der die angesprochenen Probleme zumindest deutlich mit verursachte.

Darüber hinaus merkte man schon in den Gesprächen mit den Mitarbeitern, dass die Stimmung innerhalb der Praxis auch nicht optimal war. Auch hier merkte man, dass die Praxis nur so vor sich herlief und wenig Motivation der einzelnen Mitarbeiter zu erkennen war. Nach den persönlichen Gesprächen mit den einzelnen Teammitgliedern lief es darauf hinaus, dass die gesamte Stimmung im Team nicht wirklich gut war, was insbesondere auch durch die Person des Chefs zu erkennen war.

Der zweite wichtige Indikator war gefunden. In einem ausführlichen Gespräch mit dem Praxisinhaber kam der gesamte Frust der letzten Jahren zum Vorschein: Nicht ausgelebte Fachkompetenz, schwierige Patienten und auch private Probleme des Zahnarztes sorgten gemeinsam dafür, dass er den Spaß am Beruf und der Praxis langsam verloren hatte.

Nachdem dies dem Inhaber nach mehreren Gesprächen dann auch wirklich bewusst wurde und er erkannte, in welchem Teufelskreis er sich über längere Zeit befunden hatte, musste eine Entscheidung her, die da hieß: Entweder versuche ich kurzfristig diese Situation zu verändern oder ich muss mich nach etwas Neuem umsehen und noch einmal von vorne beginnen – die Situation konnte jedenfalls nicht wie gehabt weitergehen.

Nach reiflicher Überlegung und Erkenntnis entschied sich der Zahnarzt an dem bisherigen Standort zu bleiben und die benötigten Veränderungen aktiv umzusetzen. Es wurde nun ein gemeinsamer Maßnahmenplan erstellt, was nun in welchem Zeitraum die wichtigsten Punkte in der praktischen Umsetzung sind. Diese Prioritäten wurden letztlich in einen Zeitplan gepackt.

Dazu wurde neben einzelnen, dringend notwendigen Renovierungsmaßnahmen die Praxis mit neuen Farben belegt und ihr so ein völlig neuer Pfiff verpasst. Ebenfalls wurden neben mehreren fachlichen Seminaren für das Team, um alle wieder auf den aktuellen Stand zu bringen, auch ein gemeinsamer Praxisworkshop mit Trainern durchgeführt, der sowohl für die Praxis als auch für die Teammitglieder wichtig war.

Dazu wurden folgende Mottofragen formuliert:

- Wer sind wir?
- Wofür stehen wir?
- Was können unsere Patienten von uns erwarten?
- Wie kommt für uns alle der Spaß zurück?

Anhand dieser Leitfragen wurde drei Tage lang intensiv an diesen Themen gearbeitet. Das war neben der Verschönerung der wichtigste Schritt, darin waren sich alle Teammitglieder inklusive Chef einig.

Die Arbeit begann bald wieder mehr Spaß zu machen. Die neue Optik der Praxis blieb den Patienten nicht lange verborgen und kam sehr gut an. Die neugewonnene Motivation des Praxisteams steckte die Patienten förmlich mit an und man merkte schon nach kurzer Zeit, wie sich hier neue Verbindungen aufbauen konnten.

Mit regelmäßigen Infoveranstaltungen für Patienten wurde die neue Philosophie der Praxis weiter schnell kommuniziert und dies erreichte dann auch die Menschen. Das Team und der Chef blühten wieder auf und das sorgte dafür, dass zahlreiche neue Patienten die Praxis auf Empfehlungen hin besuchten. Nach 12 Monaten war die Praxis nach einer Reihe einzelner Veränderungen wieder auf einem sehr erfolgreichen Weg.

Fazit: Manchmal ist es wichtig von außen zu erkennen, dass man sich gerade in einem Teufelskreis befindet und vor lauter Bäumen den Wald nicht mehr sieht. Mit externer Hilfe gelingt dies oftmals leichter und dringend benötigte Veränderungen können so schneller erkannt und umgesetzt werden.

Praxisbeispiel 2

Eine Zahnarztpraxis aus dem Raum München kontaktierte unsere Agentur im Rahmen einer Kundenveranstaltung im Frühjahr 2016 mit der Bitte um Unterstützung.

Die Praxis hatte nach eigenen Angaben viel zu viele Patienten, die sie täglich durch die Praxis schleuste. Das würde zukünftig auf Dauer weder von der Qualität noch von der Energie so möglich bleiben. Unzufriedene Patienten mit langen Wartezeiten trotz Termin und total gestresste Mitarbeiter sprachen laut Aussage des Zahnarztes eine deutliche Sprache.

Nach einem ersten ca. dreistündigen Briefinggespräch in der Agentur wurde ein erster Überblick ermittelt, was als Aufgabenstellung auf uns zu kommen würde. Nachdem wir die Zusammenarbeit beschlossen hatten, wurde zunächst eine ausführliche Analyse der Praxis durchgeführt, um sich so ein Bild davon zu verschaffen, welche Probleme an welchen Stellen tatsächlich vorhanden waren.

Nach einer Analysephase von drei Tagen vor Ort, während der die gesamte Praxis und alle Abläufe intensiv genau unter die Lupe genommen wurden, wurde die Analyse mit vielen regionalen und statistischen Daten ausführlich ergänzt, damit so ein realistisches Gesamtbild von der Praxis als wichtige Basis entstand.

Die wichtigsten Erkenntnisse der Analyse waren:

- zu viele Patienten (knapp 55) bei einem Behandler
- keine gute Organisation innerhalb der Praxis
- kein gutes Terminmanagementsystem
- gestresste Mitarbeiter
- genervte Patienten
- nicht ausreichende Wirtschaftskraft

Nachdem die Analyse ausführlich gemeinsam mit der Praxis besprochen wurde und es breite Zustimmung zu den einzelnen Punkten gab, wurde sofort über die Veränderungen und die entsprechenden Umsetzung gesprochen.

Es wurde eine Strategie erarbeitet, wie die neue Situation in der Praxis aktuell verändert werden kann und danach aktiv umgesetzt werden kann. Dazu wurde auch ein Maßnahmenplan mit einer entsprechend genauen Zeitplanung aufgebaut und gemeinsam verabschiedet. Dabei war die Kunst, schnell zu handeln, um die schwierige Situation möglichst schnell zu entspannen – und das alles, ohne die Praxis zu sehr zu überfordern.

Mit einer Praxistrainerin mit hoher Fachkompetenz wurde zunächst das Terminsystem komplett überarbeitet und die Anzahl der Patienten pro Tag deutlich reduziert. Neben realistischen Behandlungszeiten pro Patient, festen Zeitblocks z.B. für Schmerzpatienten und ausreichenden Pufferzeiten wurden viele neue Dinge eingebracht, die eine deutliche Erleichterung bringen sollten.

Das neue System wurde dann sehr kurzfristig nach gemeinsamer Absprache mit dem Zahnarzt und der Praxismanagerin direkt in die Tat umgesetzt, indem Patienten nach der neuen Planung organisiert und teilweise auf andere Termine verschoben wurden.

Daneben wurde kurzfristig auch noch ein neuer Behandler eingestellt und dann die Behandlungszeiten in der neuen Konstellation insbesondere in die Abendzeiten so noch etwas ausgeweitet.

Das Ergebnis: Innerhalb kürzester Zeit war die Entspannung sowohl auf Seiten der Praxis als auch der Patienten direkt bemerkbar, indem Stress und Hektik durch die entspannte Terminsituation abgebaut wurden.

Durch den weiteren Behandler konnten alle Patienten gut untergebracht werden. Durch die dadurch zur Verfügung stehende ausreichende Zeit mit dem jeweiligen Patienten ist das Verhältnis zwischen Patienten und Praxis wieder deutlich entspannter geworden. Nun ist auch die Zeit vorhanden, um mit Patienten eine systematische Behandlungsplanung durchzuführen, wo früher in der Regel nur akute Notfallversorgung möglich war.

So sieht man schon nach 6 Monaten, dass sich neben der großen allgemeinen Zufriedenheit als netter Nebeneffekt auch die wirtschaftliche Situation der Praxis enorm verbessert hat.

Fazit: Weniger ist manchmal mehr – zu viele Patienten machen in einer Praxis bei zu wenig Behandlern keinen Sinn und sorgen neben Stress und Hektik auch zu großer Unzufriedenheit auf beiden Seiten. Auch der wirtschaftliche Erfolg ist bei diesen Systemen meistens nicht gegeben, weil eine richtige Behandlung mit entsprechender Planung in der Regel nicht möglich ist.

Praxisbeispiel 3

Eine Praxis aus der Nähe von Frankfurt/Main kontaktierte uns im Sommer 2014 für ein persönliches Beratungsgespräch.

Ausgangssituation war die Übernahme einer Zahnarztpraxis im Sommer 2012, die im Laufe von zwei Jahren nach Angaben der Praxis nicht zufriedenstellend verlaufen war.

Auf die Frage, was seiner Meinung nach die aktuelle Schwierigkeit ist, antwortete der Inhaber, dass er bis zu dem Zeitpunkt viel zu wenig neue, frische und junge Patienten bekommen habe. Die Patienten, die er durch die Übernahme erhielt, wiesen entweder einen sehr hohen Altersdurchschnitt versehen sind oder seien nach der Übernahme einfach nicht mehr gekommen. Eine aktuelle, konkrete Erklärung dafür habe er allerdings nicht.

Nach dem ersten Beratungsgespräch wurde entschieden, als erstes eine ausführliche Standortanalyse zu machen, in der alle relevanten Daten und Fakten des Umfeldes genau analysiert werden sollten. Nach drei Tagen intensiver Recherche vor Ort und ca. drei Wochen genauer Ausarbeitung war die Analyse fertig.

Sie zeigte ein klares Gesamtbild auf: Der Patientenstamm des abgebenden Kollegen war viel zu alt gewesen und nach der Übernahme blieben auch viel zu wenige dieser Patienten in der Praxis. Aufgrund der vielen modernen Konkurrenz-Praxen im Umfeld war der Standort auch sehr gut anderweitig versorgt. Die Praxis wurde zunächst aus Kostengründen nicht renoviert, womit sie im Großen und Ganzen so aussah wie bei dem Vorgänger. Dabei war der neue Kollege viel jünger, was allerdings für die Patienten aufgrund des fehlenden neuen Gesamtbildes nicht zu erkennen war. Somit war die Praxis insgesamt nicht attraktiv genug für neue Patienten, insbesondere auch nicht für jüngere.

Der Praxisinhaber war zunächst von den ganzen Infos geschockt und brauchte ein paar Tage zur Verarbeitung. Nachdem er sich etwas gefangen hatte und auch sichtlich verstanden hatte, wo seine Probleme genau lagen, war er doch etwas erleichtert, denn er hatte mittlerweile stark an seiner eigenen Person und seinen Kompetenzen gezweifelt.

Nun musste die Frage beantwortet werden, ob er sich ein neues Objekt an einem anderen Standort nehmen möchte oder am gegebenen Standort nochmal konsequent durchstarten sollte. Nach kurzer Überlegung entschied sich der Zahnarzt dazu, am bisherigen Standort zu bleiben.

Daraufhin wurde sofort ein entsprechendes Maßnahmenpaket gemeinsam abgesprochen und verabschiedet. Hierzu gehörten neben Gestaltungsmaßnahmen der Praxis gerade auch

Marketing- und PR-Maßnahmen, um neue Patienten für die Praxis zu gewinnen.

Nach einer schönen Umgestaltung mit überschaubarem Budget durch unsere Innenarchitektin wurden für die Praxis ein eigenes Logo, Broschüren und ein eigener Internetauftritt, alles in einem ansprechenden modernen Stil, entwickelt. Die Aktivitäten wurden ganz klar auf Patienten der Altersgruppe 23–35 ausgelegt, wobei sie näher festgelegt und genau definiert wurden.

Mit der Anschaffung eines Dental-Lasers wurde den Patienten auch noch ein modernes Behandlungsverfahren präsentiert, das zu einem weiteren modernen Image für die Praxis führen wird. Durch regelmäßige Marketing- und Informationstätigkeiten ist der Zahnarzt nun am selben Standort wie zuvor für eine junge und moderne Praxis bekannt.

Das Ergebnis: Knapp 1 Jahr später hat die Praxis sich prächtig entwickelt und viele neue Patienten gewonnen. Sie ist mittlerweile absolut auf einem guten und nachhaltigen Kurs. Der Zahnarzt selbst ist nun sowohl mit dem Standort als auch mit der Entwicklung sehr zufrieden.

Fazit: Gerade bei der Übernahme einer Alterspraxis ist es wichtig, den Patienten deutliche Signale zu setzen, dass hier etwas passiert ist. Ansonsten läuft die Praxis Gefahr, im Rahmen der Konkurrenz durch das Umfeld unterzugehen und nicht genügend Patienten zu behalten bzw. neue an diesem Standort zu gewinnen.

„Der Erfolg einer Zahnarztpraxis ist heutzutage sicher kein Zufall mehr, sondern das Resultat eines effektiven Zusammenspiel der wichtigsten Erfolgsfaktoren."

Stefan Seidel

Juli 2018

Beratungsgutschein

Mit Kauf dieses Buches haben Sie Ihren persönlichen Beratungsgutschein erhalten, mit dem Sie ja nach Verfügbarkeit in einem persönlichen Kurztermin bei uns vor Ort oder einem Telefonat, bei dem Sie Ihre persönlichen Fragen beantwortet bekommen und wertvolle Tipps erhalten.

Die Gültigkeit des Gutscheins ist auf 3 Monate ab Erwerb des Buches begrenzt.

Fazit

Ich habe sehr lange überlegt, wie ich das Fazit meines Buches am Besten schreiben soll, denn es gibt viele Möglichkeiten dafür.

Soll ich nochmal auf einzelne Kapitel oder Passagen eingehen oder besonders wichtig Punkte nochmal hervorheben ...?

Aber was sollte das alles Ihnen bringen? Ich habe mich deshalb für folgendes entschieden.

Das Fazit meines Buches lautet: Wir alle haben nur ein Leben und wir sollten das tun, was wir wirklich gerne machen wollen.

Wenn Sie das, was Sie gerade tun, nicht gern machen, dann verändern Sie schnell etwas daran, dass Sie wieder Spaß daran haben. Wenn Sie das, woran Sie Spaß haben, auch gut machen, dann entsteht ein hohes Maß an persönlicher Zufriedenheit, die uns ein ganz besonderes Glücksgefühl bringt.

Dieses Buch soll Ihnen Hilfestellung geben und Ihnen Wege aufzeigen wie Sie das eben beschriebene Glücksgefühl erreichen.

Ich wünsche Ihnen für diesen Weg viel Erfolg!

Herzlichst

Ihr Stefan Seidel

Danksagung

Danke an alle, die mich zu diesem Schritt motiviert und dabei unterstützt haben. An die vielen Kunden, meine Mitarbeiter und Freunde und ganz besonders natürlich an meine Familie.

Literaturhinweise

Susanne Bender: Teamentwicklung: Der effektive Weg zum „Wir“. dtv Beck, 2015.

Vera F. Birkenbihl: Kommunikationstraining. Zwischenmenschliche Beziehungen erfolgreich gestalten. MVG,2002.

Wolfgang Mewes: Mit Nischenstrategie zur Marktführerschaft. Beratungs-Handbuch für mittelständische Unternehmen. Orell Füssli, 2000.

Marko Roeske: Die besten Entspannungstechniken: Die effizientesten Übungen für Büro und zu Hause. Beck kompakt, 2012.

Ralph Scheuss: Zukunftsstrategien: Worauf es in der Ära des wilden Wettbewerbs wirklich ankommt. Walhalla und Praetoria, 2010.

Anna Trökes: Yoga. Mehr Energie und Ruhe (mit CD). GU Multimedia, 2015.

- Strategie
- Totaler Personalwechsel
- → zu schnelle Entscheidungen ohne jegliche echte Auswahl
- Richtung Pol.?